湖南省教育科学研究工作者协会"十四五"规划重点课题
（编号：XJKX23A095）成果

长沙市教育科学"十四五"规划一般资助课题
（编号：CJK2023040）成果

聚焦家国情怀素养的政史学科融合教学研究

李军 主编

中国华侨出版社
·北京·

图书在版编目（CIP）数据

聚焦家国情怀素养的政史学科融合教学研究 / 李军主编. -- 北京：中国华侨出版社，2025.5. -- ISBN 978-7-5113-9585-6

Ⅰ. G633.202；G633.512

中国国家版本馆CIP数据核字第2025NU7684号

聚焦家国情怀素养的政史学科融合教学研究
JUJIAO JIAGUO QINGHUAI SUYANG DE ZHENGSHI XUEKE RONGHE JIAOXUE YANJIU

主　　编：	李　军
责任编辑：	罗路晗
经　　销：	新华书店
开　　本：	710毫米×1000毫米　1/16开　印张：14　字数：194千字
印　　刷：	长沙市精宏印务有限公司
版　　次：	2025年5月第1版
印　　次：	2025年5月第1次印刷
书　　号：	ISBN 978-7-5113-9585-6
定　　价：	79.00元

中国华侨出版社　北京市朝阳区西坝河东里77号楼底商5号　邮编：100028
发 行 部：（010）64443051

如发现印装质量问题，影响阅读，请与印刷厂联系调换。

《聚焦家国情怀素养的政史学科融合教学研究》
编 委 会

主 编：李 军

编 委：熊 瑞　黄旭华　彭 佳　柏 玉　张天宏

　　　　喻 灼　黄 超　温玉婷　张登威　徐文欢

　　　　易飘飘　高佩君　魏本洪　夏玉琼　李 旻

　　　　黄 欣　杨思凡　杨 杨　李 雳　肖日红

序

唐良平

习近平总书记在2019年春节团拜会上指出："我们要在全社会大力弘扬家国情怀，培育和践行社会主义核心价值观，弘扬爱国主义、集体主义、社会主义精神，提倡爱家爱国相统一，让每个人、每个家庭都为中华民族大家庭作出贡献。"家国情怀是中华优秀传统文化的重要内容，其价值观的基础是家国一体、家国同构；家国情怀是认同中华文明、维护中华文明的一种强烈表达，是中国人民维护国家统一、维护中华文明统一性的强大精神动力。

时代赋予青年一代担当民族复兴、实现中国梦的使命，青少年必将是中国式现代化建设的中坚力量。有理想、有本领、有担当是时代对青年提出的命题，培养德智体美劳全面发展的社会主义建设者和接班人是党和国家对学校提出的时代责任。学校应该坚持立德树人根本任务，贯彻党的教育方针，实施素质教育，自觉担负起培育爱党、爱国、爱家的具有家国情怀的社会主义建设者和接班人的时代重任。

聚焦家国情怀素养的政史学科融合教学研究

长沙市一中金山桥学校深刻把握教育教学规律和学生成长规律，始终坚持立德树人根本任务，全面贯彻党的教育方针，自觉融入新课程改革的时代潮流，积极探索德育为先的"五育"融合改革，将培育学生家国情怀作为德育工作和课程综合学习的重要举措，在教育教学实践中探索出一条培育学生家国情怀素养的新路。

2023年5月，长沙市一中金山桥学校申报了湖南省教育科学研究工作者协会聚焦家国情怀素养培养的初中政史学科融合教学研究课题（课题编号：XJKX23A095），学校初中道德与法治与历史学科组联合学校德育处，深入探讨政史融合、学科与主题活动融合的家国情怀培育策略和路径，彰显教育教学改革的特色和成效。学校关于家国情怀培育的研究，契合了落实立德树人根本任务的要求，是2022年版新课程和新课标倡导的综合学习的一种探索，是贯彻思政一体化、大思政格局的一次实践。现在，我们将政史学科融合和学科与主题德育融合推进家国情怀教育的三年研究成果结集出版，旨在总结经验、推广成果，并期待帮助在家国情怀培育研究探索中的学校和教师。

培育学生家国情怀素养，必须从理解家国情怀的理论问题入手。课题组成员、长沙市一中金山桥学校校长李军全面分析了家国情怀的内涵及特征、家国情怀素养及价值，最后探讨了初中生家国情怀素养培育的方法路径，为全书建立了理论基础和框架总纲。在对家国情怀理论问题深刻理解的基础上，课题组成员从实践维度确立了四大探索方向，即思政课中的家国情怀教育、历史课中的家国情怀教育、聚焦家国情怀的政史融合教学和聚焦家国情怀的学校融合活动，从实践策略和路径方面展示了研究过程和研究成果。为了帮助其他学校和教师深入开展家国情怀教育，课题组还从家国情怀学科教学和主题德育活动角度总结凝练了九个案例，从操作层面

序

为我们展示培育家国情怀的具体要求和方法路径。为了提升研究实效,我们在理论研究基础上强化实践研究,将培育学生家国情怀的方法、策略、路径作为研究的重点,在教育教学实践中促进学生形成家国情怀意识,培养学生爱党、爱国、爱家的品质,让学生从小树立爱国情、报国志、强国行的思想意识。

研究永无止境。我们希望读者朋友对本书提出宝贵意见,为我们后期的研究贡献智慧。目前,长沙市一中金山桥学校关于家国情怀的研究工作还在继续进行,我们还计划将研究成果推广应用,以期进一步提升学校综合育人质量,助力区域教育教学高质量发展。

(唐良平系教育部国培专家、长沙教育学院教授、湖南省特级教师)

目 录 CONTENTS

第一章 家国情怀素养培育

第一节 家国情怀内涵与特征……………………………………003
 一、家国情怀的内涵……………………………………………003
 二、家国情怀的特征……………………………………………005

第二节 家国情怀素养及价值……………………………………008
 一、"家国情怀"构成学生核心素养目标………………………008
 二、"家国情怀"素养的主要内容………………………………010
 三、家国情怀素养培育的价值…………………………………013

第三节 家国情怀素养培育路径…………………………………017
 一、提升认知，理解家国情怀…………………………………017
 二、厚植情感，增进家国情怀…………………………………018
 三、磨砺意志，坚定家国情怀…………………………………019
 四、付诸行动，践行家国情怀…………………………………020

第二章 思政课培育家国情怀策略

第一节 挖掘教材内容……………………………………………025

　　　　一、家国情怀及其价值……………………………………025
　　　　二、发掘教材内容策略……………………………………026
　第二节　创设活动情境……………………………………………030
　　　　一、以培育学生的理想信念为目标………………………030
　　　　二、优化教学情境策略……………………………………031
　第三节　开展议题式教学…………………………………………035
　　　　一、以议题式教学培育家国情怀…………………………035
　　　　二、开展议题式教学的策略………………………………035
　第四节　优选红色资源……………………………………………038
　　　　一、红色资源及其作用……………………………………038
　　　　二、利用红色资源进行家国情怀教育……………………038
　第五节　设计课后任务……………………………………………041
　第六节　拓展教育实践……………………………………………044

第三章　历史课培育家国情怀策略

　第一节　合理利用教材……………………………………………049
　　　　一、掌握历史发展脉络……………………………………049
　　　　二、挖掘历史人物与故事…………………………………050
　　　　三、突出科技文化成就……………………………………052
　第二节　创设课堂情境……………………………………………054
　　　　一、运用课内外素材丰富历史情境………………………054
　　　　二、利用问题引导创建历史情境…………………………056
　　　　三、通过学生活动体验历史情境…………………………057
　第三节　跨学科主题教学…………………………………………059
　　　　一、与人文学科的融合……………………………………059
　　　　二、与艺术学科的融合……………………………………061
　　　　三、与自然科学的融合……………………………………062

第四节　发掘乡土资源……………………………………………… 064
　　一、重视爱国主义基地…………………………………………… 064
　　二、依托湖南历史人物…………………………………………… 066
　　三、发扬本土传统文化…………………………………………… 068
第五节　创新设计作业……………………………………………… 069
　　一、设计查找与搜集类作业……………………………………… 069
　　二、设计分享与交流类作业……………………………………… 070
　　三、设计制作与作品类作业……………………………………… 071
第六节　拓展教育实践……………………………………………… 073
　　一、实地考察与志愿服务………………………………………… 073
　　二、研学活动……………………………………………………… 075

第四章　聚焦素养的政史融合教学

第一节　将历史融入政治课堂的教学……………………………… 079
　　一、历史融入政治课堂的重要性………………………………… 079
　　二、历史融入政治课堂的实施策略……………………………… 081
　　三、历史融入政治课堂的实际效果……………………………… 084
第二节　将政治融入历史课堂的教学……………………………… 088
　　一、将思政课融入历史课的价值意蕴…………………………… 088
　　二、将思政课融入历史课的路径选择…………………………… 089
　　三、将思政课融入历史课的效果分析…………………………… 097
第三节　将政史课堂深度融合的教学……………………………… 099
　　一、以湖湘红色人物案例推进政史融合教学…………………… 099
　　二、以红色景区实地教学促进政史融合教学…………………… 100
　　三、以红色纪念馆资源增进政史融合教学……………………… 101
　　四、以红色影视作品助力政史融合教学………………………… 102
　　五、以教学评价提升政史融合教学有效性……………………… 103

第五章　聚焦素养的政史融合活动

第一节　主题德育活动……………………………………………107
　　一、主题德育活动的目标与意义………………………………107
　　二、主题德育活动的教育内容与德育活动结合………………110
　　三、主题德育活动的效果………………………………………112
第二节　班团教育活动……………………………………………116
　　一、班团教育活动的特点………………………………………116
　　二、班团教育活动的作用………………………………………117
　　三、班团教育活动的实施路径…………………………………120
　　四、基于班团教育活动培育家国情怀策略……………………123
　　五、班团教育活动的创新与实现………………………………125
第三节　学科融合活动……………………………………………127
　　一、学科融合活动的特点与作用………………………………127
　　二、政史融合培育学生家国情怀………………………………130
　　三、政史学科融合活动的创新与实践…………………………133
第四节　游学与研学活动…………………………………………137
　　一、游学与研学活动及其特征…………………………………137
　　二、政史融合的游学与研学活动………………………………139
　　三、政史融合的游学与研学活动实施…………………………142

第六章　聚焦素养的政史融合案例

第一节　政史融合教学案例………………………………………149
第二节　政史融合活动案例………………………………………168

参考文献……………………………………………………………202
后　　记……………………………………………………………206

第一章
家国情怀素养培育

随着中国特色社会主义建设步入新时代,家国情怀仍然潜移默化地影响着人们的价值判断和行为选择,它构成初中生核心素养的重要内容,关乎着初中生正确的世界观、人生观和价值观的形成,对于培养有理想、有本领、有担当,培养德智体美劳全面发展的社会主义建设者和接班人有着重要意义。在初中教学中,教师不仅要传授知识,更要注重涵育学生的家国情怀素养。

第一节　家国情怀内涵与特征

在中华文明的历史长河中,"家国情怀"的概念早就存在,但直到近代鸦片战争以后才具有具体的现代意义。面对国破家亡、民族危机,中华民族开始自省和奋起,"家国情怀"思潮应运而生。"家国情怀"以一种特有的信仰魅力,超越种族和民族、宗族和地域、阶级和阶层、政党和意识形态的界限,成为中华民族历经磨难、百折不挠、生生不息的不竭动力。

一、家国情怀的内涵

"家国情怀"是中华优秀传统文化的基本内涵之一。所谓"家国情怀",是主体对共同体的一种认同,并促使其发展的思想和理念。

家、国并用是中华文明特有的文化现象。"家国",《辞海》的释义是:一指家和国;二指故乡;三犹言国家。"家国"一词政治色彩较弱,含义具有从小到大的张力,强调一种归属的递进关系,更倾向于思想领域,是一种自家到国一脉相承的情感表达与人生理想。"情怀"意为心境、心情,原为中性词,与"家""国"相连后成为中国人观念中高尚的追求与素养。本义上讲,家国情怀就是对家、故乡和国家的深切热爱之情,并由此展现出一种爱国情愫和宽广的胸襟。

作为一种思想观念的"家国情怀"是在中国传统文化中慢慢积淀形成的，它源自古代士大夫阶层对自我圈子的优越感和自我陶醉感。春秋战国时，学术不断下移，普通的国人与百姓开始形成钻研文化知识的小团体，一般称作士阶层。士阶层以读书为主，惠施（战国中期宋国商丘人，著名的政治家、哲学家）"其书五车"是士阶层的代表人物。士有着独特的人格意识，孔子曰"三军可夺帅也，匹夫不可夺志也"，孟子曰"富贵不能淫，贫贱不能移，威武不能屈"，等等都是这种人格的反映。随着贵族没落、士阶层崛起，士与其他阶层出现分化，士与士之间的关系也随之发生变化，士的共同体意识开始上升。他们以文会友，士阶层以外的其他人被排斥在外，士阶层有着某种优越感。子曰"民可使由之，不可使知之"，就有这种思想倾向。这种思想在魏晋时期得以强化，玄学就成了士族文人孤芳自赏的代名词。士大夫赖以安身立命的立德、立功、立言，在魏晋社会根本施展不出来，于是他们信守"穷则独善其身，达则兼济天下"，往往拿名教来遮掩，玄学家们以"辨名析理"的方法诠释儒家经典，开始营造起一个远离现实、抽象玄虚、相对封闭的"精神家园"。

随着政治变迁、王朝更迭、民族战争，遗民旧臣怀念前朝，不忘故土、不忘国家，把"家国情怀"由内而外推上了台面。如屈原"举世皆浊我独清"、柳宗元"凭寄还乡梦，殷勤入故园"、韩愈"大丈夫文武忠孝，求士为国，不私于家"、苏轼"天涯倦客，山中归路，望断故园心眼"、文天祥"山河破碎风飘絮，身世浮沉雨打萍"、顾炎武"天下兴亡，匹夫有责"、黄宗羲"出仕为天下"等，这些文人儒士的恋家、思乡、忧国忧民之情怀逐渐被沉淀而汇聚起来。

鸦片战争爆发以后，西方列强打破了近代中国人自给自足的宁静生活，人民遭受了战争、投降、割地、赔款等苦难，妻离子散、国破家亡，士大夫的那种天生的优越感荡然无存，承接的则是文人志士对亡国灭种的一种深刻自省和救亡图存的不断思索和尝试，这种情怀重构而成"家国情怀"，这种情怀支撑和激励一代又一代文人志士前仆后继、救亡图存、苦苦探索。可以说，"家国情怀"是近代中国思想文化现实的积累产物。

"家国情怀"在形成过程中呈现出下列特征。第一，"家国情怀"起源于士大夫的人文信仰和人文精神，是古代知识分子阶级优越性的自我标榜，具有狭隘性。第二，"家国情怀"在形成过程中与儒家思想的三纲五常、宗族伦理、个体意识密不可分，是经历了战争失败、骨肉分离、国破家亡之后伤痛思维的沉淀，构成了中华传统文化的一部分。第三，"家国情怀"是近代特殊社会历史的思想产物，是士大夫的人文精神不断下移，是士大夫精神在整个民族遭受苦难之后的精神重构，千锤百炼、浴火重生，这种"家国情怀"带有很强的积极、正面意义。第四，"家国情怀"具有时代性，随着时间的推移，这种超越民族、意识形态的优秀文化传统在社会建设、国家统一、展现民族凝聚力方面发挥着越来越重要的作用。

今天，我们所说的"家国情怀"就是作为个体的人在中国传统文化影响下对价值共同体持有的一种高度认同，并促使认知共同体朝着积极、正面、良性的方向发展的一种思想和理念。

二、家国情怀的特征

"家国情怀"作为中国传统文化的基本组成部分之一，有其基本的内涵特征，主要包括家国同构、共同体意识、仁爱之情。

家国同构。古代中国，家与国从来就没有被割裂开来，"家"与"国"

是一体的。以宗法制为基本形式的家国一体的政治模式理念就是"家国同构"。家国同构以血缘关系为基础，强调家国一体的同时肯定要以家为本，把个人、家庭、国家有机结合。家国同构是中国传统的政治思想之一，古代中国共同体以"家"和"国"的二元结构存在，国是最大的家，家是最小的国，二者相互依赖、不可分割。作为一种与道德和政治都有联系的价值理念，家国同构强调以民为本、以天下为己任，"水能载舟，亦能覆舟"就是执政者对这种理念的认识结果。马克思认为，人是"一切社会关系的总和"，说明个人在家国关系中处于主体地位，个人对家国同构理念的认知就形成了"家国情怀"。也就是说，"家国情怀"是个人持有的"家国同构"理念，是把"家"与"国"的关系看成一个整体的观念。

共同体意识。无论是家的意识还是国的意识，都可以划入共同体意识之中。共同体意识是一种传统意识，个人的所有行为都必须符合共同体的需要，个人不能凌驾于共同体的需求之上，这种意识与个人自由意识是相对的。在共同体意识影响下，所有个体"同呼吸共命运"，上级有绝对的权威，下级绝对屈服于上级的意志。"家国情怀"把主体置于"家国同构"的共同体意识之下，使得个人意识必须服从社会意识，服务于共同体利益。另外，共同体意识还表现为一种集体意识和公民意识，要求个人服从集体，公民个人清晰认识到自己置于国家中的地位。"家国情怀"充满原始和质朴的味道，个人利益与家国利益捆绑在一起，达到一种平衡，既不超越也不屈服。

仁爱之情。仁爱是一种思想情感，就是指关心他人、帮助他人，它是儒家思想内核，也是"家国情怀"的内在驱动力。"家国情怀"所持有的对共同体的认同感是建立在仁爱之心、敬畏之心、宽容之心的基础之上的。仁爱本是儒家传统思想的核心，这种思想以一种情感的形式转化给"家国情怀",成为把人的这种情怀引领到正确方向的灯塔。"家国情怀"最终的情感归宿不是仇恨,不是敌视,而是一种"爱"的思想。这种爱不是一种外在超越,而是个人的道德情操;这种爱表现出来的特征,是宽容、谦逊、悯恤与慈悲。

家国同构、共同体意识、仁爱之情共同构成"家国情怀"的基本内涵,它们既紧密联系、相互影响,又共同作用于"家国情怀"。家国同构理念是"家国情怀"形成的关键,共同体意识是"家国情怀"持续发展的动力,仁爱之情是"家国情怀"良性发展的出发点。

第二节　家国情怀素养及价值

"家国情怀"是一个人对自己国家和人民所表现出来的深情大爱,是对国家富强、人民幸福所展现出来的理想追求,是对自己国家的高度认同感和归属感、责任感和使命感。在中学课程中,家国情怀是学生应养成的学科核心素养,是中学一些学科(课程)的重要目标。

一、"家国情怀"构成学生核心素养目标

2014年,教育部下发的《关于全面深化课程改革落实立德树人根本任务的意见》提出:"教育部将组织研究提出各学段学生发展核心素养体系,明确学生应具备的适应终身发展和社会发展需要的必备品格和关键能力,突出强调个人修养、社会关爱、家国情怀,更加注重自主发展、合作参与、创新实践。"文件还指出,各个学科围绕核心素养对当前的课程体系进行了课程开发和编制。

《普通高中历史课程标准》(2017年版2020年修订)将"家国情怀"作为历史学科核心素养之一,并指出:"家国情怀是诸素养中价值追求的目标。"作为指向学生价值取向的核心素养,家国情怀关系到"培养什么人"以及"怎样培养人"的问题,是历史学科贯彻立德树人根本任务的关键所在。课标中写道:"家国情怀是学习和探究历史应具有的人文追

求，体现了对国家富强、人民幸福的情感，以及对国家的高度认同感、归属感、责任感和使命感。学习和探究历史应具有价值关怀，要充满人文情怀并关注现实问题，以服务于国家强盛、民族自强和人类社会的进步为使命。"这是在课程中首次提出家国情怀素养目标。

《义务教育历史课程标准》（2022年版）也将"家国情怀"作为初中历史课程核心素养之一，指出："家国情怀是学习和探究历史应具有的人文追求与社会责任。学习和探究历史应充满人文情怀并关注现实问题，热爱家乡，热爱祖国，放眼世界，以服务于国家富强、中华民族伟大复兴和人类命运共同体的构建。在义务教育阶段，要求学生形成对家乡、国家和中华民族的认同，具有国际视野，有理想、有担当。"然后在核心素养之间关系部分指出："家国情怀体现了历史学习的价值追求，是其他素养得以达成的情感基础和理想目标。"

作为学生发展核心素养课程目标，家国情怀核心素养目标同样写入了《义务教育道德与法治课程标准》（2022年版）。"道德与法治课程要培养的核心素养，主要包括政治认同、道德修养、法治观念、健全人格、责任意识。政治认同是社会主义建设者和接班人必须具备的思想前提"，政治认同包括政治方向、价值取向和家国情怀三个方面，"家国情怀。对家庭有深厚的情感，热爱家乡，热爱伟大祖国，热爱中华民族，自觉铸牢中华民族共同体意识，有以实现中华民族伟大复兴为己任的使命感"。在这里，家国情怀作为学生政治认同的核心素养得以明确与重视。

将家国情怀作为中学生核心素养之一写入课标，足以说明在培养有理想、有本领、有担当，培养德智体美劳全面发展的社会主义建设者和接班人的今天，加强中学生家国情怀素养培养的重要性和紧迫性。

二、"家国情怀"素养的主要内容

家国情怀是中华优秀传统文化的精髓。它是中华优秀传统文化的传承,与我们息息相关,无形中融入我们的工作和生活之中。家国情怀蕴含着国家认同理念,并在价值理念上深刻影响着中华文化的政治取向和文化特征。今天,对中学生进行家国情怀教育,培育其家国情怀素养,主要是帮助广大中学生树立远大的理想信念、厚植崇高的爱国情操、养成正确的价值观念和明晰坚定的使命担当。

(一)远大的理想信念

理想信念本质上属于价值观范畴,是个体思想意志转变的首要前提。在古代社会,以儒家思想为核心的中国传统文化强调以"修己"为人生价值实现的逻辑起点,以"安人""安天下"为最终的价值目标。并且,又将个人、家庭、集体、国家紧密结合,同时衍生出家国情怀中所包含的人生价值理想与国家、民族命运具有密不可分的逻辑关联。中国共产党人继承了这一价值理想及其关联性,在不断淬炼、磨砺中坚持真理、坚守理想。习近平总书记指出:"理想信念是共产党人精神上的'钙',没有理想信念,理想信念不坚定,精神上就会'缺钙',就会得'软骨病'。"新时代,我们需要坚定马克思主义信仰、共产主义远大理想和中国特色社会主义共同理想。回顾百余年奋斗历程,一代又一代中国共产党人流血牺牲、无私奉献,靠的就是理想信念的力量。今天的中学生,担负着实现第二个百年奋斗目标、实现中华民族伟大复兴的历史使命,但其成长却面临社会思潮多元化冲击、外国敌对势力的意识形态渗透的挑战,是非辨析能力较低,极易受到不良思潮影响。因此,加强新时代中学生的理想信念教育，引导其将自身价值的实现与社会、民族和国家的发展联系起来，培养以家庭为念、以祖国为系、以天下为怀的思想情感，坚定爱党爱国爱人民的信念，从而沉淀和激发出深厚的家国情怀，具有十分重要的意义。由此可见，理想信念教育是培养新时代中学生家国情怀的核心内容。

（二）崇高的爱国情操

作为中华民族精神核心的爱国主义源于"家国情怀"。"家国情怀"不但内在地包含着忠于国家或整个民族的爱国意识，强调爱家即爱国，还要求在个人利益与国家利益或民族整体利益发生冲突时，应"先天下之忧而忧，后天下之乐而乐"，同时认为"修身、齐家"的价值是为了实现"治国、平天下"的宏大理想。纵观几千年的中国历史可以发现，爱国主义始终是中华民族历史的主旋律，中华民族的历史就是一部波澜壮阔的爱国主义发展史。爱国主义是人们对自己家园以及民族和文化的归属感、认同感、尊严感与荣誉感的统一，它集中表现为民族自尊心和民族自信心，以及为保卫祖国和争取祖国的独立富强而献身的奋斗精神。爱国主义是中华民族继往开来的精神支柱，是维护祖国统一和民族团结的纽带，是实现中华民族伟大复兴的动力，是个人实现人生价值的力量源泉。爱国主义要求正确处理个人利益与国家或民族整体利益之间的关系，即当个人利益与国家利益或民族整体利益之间发生冲突时，每个中华儿女都应把国家利益或民族整体利益放在首位，个人利益放在次要位置，并且认为个人的人生价值只有在服务于国家利益或民族整体利益的过程中才能体现出来。可见，中华民族的爱国主义及其核心价值取向与"家国情怀"理念及其核心价值取向基本一致。加强中学生的家国情怀教育，有利于学生将家国情怀转化为爱国情、强国志、报国行，进一步坚定为实现第二个百年奋斗目标、实现中华民族伟大复兴而贡献力量的信心和决心。

（三）正确的价值观念

新时代，社会主义核心价值观是内蕴于时代理想的核心。人们热爱家国，坚信通过自身努力能够让家更富、国更强，同时坚信"家国共同体"的兴旺发达能够为自身带来更加美好的未来，而保障这一深厚感情和坚定信念持续发挥作用的根本是对社会倡导的主流价值观的认同与实践，在新时代即表现为对社会主义核心价值观的自觉培育和践行：个人应当以爱国、敬业、诚信、友善为准则提高和完善自身素养，在参与社会事务中以自由、平等、公正、法治为价值取向，认同并逐步实现富强、民主、文明、和谐的国家建设目标。中国梦意味着中国人民和中华民族的价值体认和价值追求，有价值才能凝聚力量，有力量才能追寻梦想。植根于中华优秀传统文化、革命文化和社会主义先进文化，又立足于改革开放和社会主义现代化建设的成功实践，包含民族精神与时代精神的社会主义核心价值观，正是中国精神的集中体现，成为实现中华民族伟大复兴中国梦的精神支撑。社会主义核心价值观引导人们讲道德、遵道德、守道德，追求高尚的道德理想，不断夯实中国特色社会主义的思想道德基础。加强社会主义核心价值观教育，引导广大中学生培育与践行社会主义核心价值观，既是"家国情怀"教育的落脚点，也是共筑精神、共建道德的具体表现。

（四）坚定的使命担当

家国情怀表现为对国家和民族的使命担当，要求我们树立使命意识、责任意识。自古以来，中国人便始终强调己立立人、己达达人的君子人格。这是个体对现实的关怀和价值追求，是对以天下为己任的担当意识的生动诠释。而这种担当意识早已融入中华民族的精神血脉，成为中华民族共同的精神信仰和生命依托。中国共产党自成立之日起，便把为中国人民谋幸福、为中华民族谋复兴确立为自己的初心使命。建党百余年来，始终以践行初心、担当使命的伟大建党精神为指引，并在长期艰苦卓绝的奋斗中沉淀出深厚的家国情怀。而新时代中学生作为青年主力军，理应以中华民族伟大复兴为己任，立志为实现第二个百年奋斗目标贡献力量。为此，在对中学生的家国情怀教育中，要引导中学生乐于担起家庭责任、善于担起社会责任、敢于担起实现中华民族伟大复兴的民族责任，这不仅是其厚植家国情怀的道义所在，也是落实新时代立德树人根本任务的实践要求。新时代中学生厚植家国情怀，既要有坚定的理想信念、过硬的本领才干，又要认识到自身的责任与使命——时刻想着国家、心系人民，不断增强责任意识、民族意识和国家意识，勇于承担责任，敢于接过历史的接力棒，使自身成为实现中华民族伟大复兴中国梦的接力者、开拓者和奋斗者。由此可见，使命担当意识乃是厚植新时代中学生家国情怀的核心要素。

另外，家国情怀还体现为一种国际视野，要求中学生能够形成开放、包容、平等、互利的视野和心态，主动去了解和学习人类共同的文明成果。它还主张关注人类面临的全球性挑战，学会从世界这个大视角去探讨中国在世界整体中的作用和地位，去关注全人类的共同发展和前途命运。中学生应该具有国际视野，立志为构建人类命运共同体贡献青春和力量。

三、家国情怀素养培育的价值

站在历史发展的新阶段，着眼于新时代新担当，对中学生厚植家国情怀作出新审视，能够为新时代中学生增进家国认同、提升家国素养进而孕育家国情感提供丰厚的精神滋养。

(一)有利于传承中华优秀传统文化

家国情怀本身就是中华优秀传统文化的基本内涵之一。中华优秀传统文化是中华民族语言习惯、文化传统、思想观念、情感认同的集中体现,凝聚着中华民族普遍认同和广泛接受的道德规范、思想品格和价值取向。博大精深的中华优秀传统文化是我们在世界文化激荡中站稳脚跟的根基。加强对青少年学生的中华优秀传统文化教育,要以弘扬爱国主义精神为核心,以家国情怀教育、社会关爱教育和人格修养教育为重点,着力完善青少年学生的道德品质,培育理想人格,提升政治素养。青少年学生是祖国的未来,是中华民族的希望,加强对青少年学生的中华优秀传统文化教育,对培养中华优秀传统文化的继承者和弘扬者,推动文化传承创新,建设社会主义先进文化具有基础性作用。中学生在厚植家国情怀的同时,很容易形成对中华优秀传统文化的强烈自信感、自豪感,进而产生传承、弘扬中华优秀传统文化的强烈使命感,有利于其传承中华优秀传统文化。也只有学生对自己民族的历史文化有更为深入的理解,他们才会对传统文化多一份同情乃至敬慕,才会承担起传承中华优秀传统文化的责任,传统文化才能在学生的心中落地生根,家国情怀的培养才能落到实处。

(二)有利于激发爱国情感与责任意识

家国情怀的内涵本身就有"家国同构""家国一体"。中国发展史中蕴含着大量乡土史和爱国主义教育的内容,有助于唤醒学生热爱家乡、热爱祖国的感情。对学生进行家国情怀教育,本身就是爱国主义教育的重要内容,反过来又能进一步激发学生的爱国情感和责任意识。在家国情怀教育活动中,让学生感受到中国是世界上历史最悠久的国家之一,知道中国各族人民共同创造了光辉灿烂的文化、共同缔造了统一的多民族国家,体会中国近代史中的志士仁人为谋求国家独立富强而奋斗牺牲、前仆后继、无私奉献、不惜生命的爱国精神,理解中国共产党人为中国人民谋幸福、为中华民族谋复兴的初心使命,有利于培养学生的爱国情感和责任意识。我们广大中学生要努力提升家国情怀认知,在感受中华民族文人志士的博大胸怀与爱国情愫时,培育和增进对中华民族和伟大祖国的情感,传承民族精神、增强国家观念,养成爱家、爱国、爱党的自觉,并将之转化为在当今这个时代贡献自己力量的爱国情感和责任意识,转化成爱国、爱党的坚定信念、精神力量和自觉行动。

(三)有利于实现"三有"时代新人培养目标

如前所述,高中历史、初中历史课程标准将家国情怀作为本学科学生的核心素养目标,道德与法治课将家国情怀作为政治认同核心中的一个重要内容提出来,这些都是课程实施过程中必须遵循的、必须贯彻落实的。除了这些学科明确了家国情怀素养目标,高中和义务教育其他课程标准中,都强调对学生进行爱国主义教育、培养学生的"四个自信"。而在这些学科教学实践中,广大教师将培养学生家国情怀渗透在学科教学中,注重激发学生的民族自豪感和自信心,培养学生热爱家乡、热爱祖国、热爱中国共产党的高尚情操,教育学生立志为实现第二个百年奋斗目标、实现中华民族伟大复兴贡献力量。

发展学生核心素养始终是为课程培养目标服务的。今天,高中和义务教育的培养目标就是:使学生有理想、有本领、有担当,培养德智体美劳全面发展的社会主义建设者和接班人。作为学生核心素养重要内容的家国情怀,是学生成长为有理想、有本领、有担当,德智体美劳全面发展的时代新人的重要条件。因此,必须加强家国情怀教育,教育学生从历史的角度认识中国国情,认识中华民族多元一体的历史发展趋势;认同社会主义先进文化、革命文化、中华优秀传统文化，认识中华文明的历史价值和现实意义；了解中国历史上的英雄人物，崇尚英雄气概，传承民族气节，培育和践行社会主义核心价值观，把握习近平新时代中国特色社会主义思想的核心要义；了解人类文化的多样性，理解和尊重世界各国、各民族的文化传统，认识中国历史与世界历史的相互关联；了解中华文明对世界文明进步作出的突出贡献。

从国家民族情感到家庭家乡情愫，从学科素养目标到堪当民族复兴大任，从家国情怀认知到家国情怀行动实践，对初中学生进行家国情怀教育和发展学生的家国情怀素养都具有十分重要的意义。

第三节　家国情怀素养培育路径

习近平总书记在庆祝中国共产党成立100周年大会上强调："新时代的中国青年要以实现中华民族伟大复兴为己任,增强做中国人的志气、骨气、底气,不负时代,不负韶华,不负党和人民的殷切期望!"中学生作为新时代青年的重要力量和接班人,是高举民族复兴伟大旗帜的关键旗手,因而将中学生对家庭、民族和国家的热爱融入其自身的学习和生活之中,并厚植家国情怀已是势在必行。由于立德树人的过程是一个长期、反复且逐步提高的过程,也是对学生知、情、意、行的培养和提高的过程,故此,对中学生家国情怀的培育不能一蹴而就,而是要以"知情意行"的内在规律为逻辑理路,使中学生在这一逻辑理路中不断积淀浓厚的家国情怀。

一、提升认知,理解家国情怀

与其他素养的形成一样,家国情怀素养源自对家国情怀的深刻理解。让中学生具有深厚的家国情怀,同样需要从提升其认知开始。广大学生只有对自己国家的传统文化及其背后的民族精神有深刻而全面的认知,才能对自己的国家和民族所拥有的文化有强烈的认同感和自豪感,才能自觉传承家国文化并坚守"家国相依"信念,才能真正激发与发挥时代青年的活力和创造力。

在中学教育教学活动中，教育和引导学生从历史的角度认识中国的国情，认识中华民族多元一体的历史发展趋势，感受中华优秀传统文化、革命文化、社会主义先进文化，传承民族气节、崇尚英雄气概，懂得世界历史发展的多样性，理解和尊重世界各国、各民族的文化传统，认同社会主义核心价值观。需要特别强调的是，对中学生进行家国情怀教育，要把国家历史，尤其是近代以来中国共产党的百年奋斗史放在突出位置。自1921年建党以来，中国共产党团结带领中国人民，以"为有牺牲多壮志，敢教日月换新天"的大无畏气概，书写了中华民族几千年历史上最恢宏的史诗。中国共产党人在立党、兴党和强党的艰苦奋斗过程中，形成了以伟大建党精神为源泉的精神谱系，这一精神谱系不仅是我党光辉奋斗历程的见证，也是对传统家国情怀的继承和发展，并赋予了家国情怀以新的时代内涵。新时代中学生只有认真学习中国共产党历史上的重大事件和重要人物，才能坚定听党话、跟党走的信念和决心，才能从中汲取家国情怀的强大力量，增强民族认同感。

二、厚植情感，增进家国情怀

心理学上，情感是指人对客观事物是否符合其需要而产生的态度体验，其重要功能之一就是激发人的动机。在对家国情怀有了深刻认知与理解的基础上，我们获得了更多的情感体验，增强了学生的民族自尊心、自信心和自豪感，激发了学生热爱家乡和热爱祖国的情感。只有具备了对祖国和人民的深情大爱，才能厚植学生的家国情怀。新时代中学生家国情怀的培育内蕴着个体对家庭的关爱、对国家命运的关切以及对民族福祉的关心，表达了其心念家庭、心系国家、心怀民族的真挚情感和精神特质。

突出学校教育主阵地。家国情怀传承于中华优秀传统文化，熔铸于中国革命文化，践行于社会主义先进文化。作为育人场域的主阵地，学校应积极传承中华传统文化的优秀基因，赓续革命文化的红色血脉，进而弘扬社会主义先进文化，并以新时代背景下的爱国主义精神滋养新时代中学生的家国情怀。为此，就要充分发挥课程教学的功能，积极组织开展学校德育活动，挖掘一切有助于学生家国情怀培育的资源，引导学生获得丰富的情感体验，唤起中学生的家国情感记忆，提升其家国情感境界。

强化家庭教育的作用。家庭是学生接受教育的第一场所，也是学生家国情怀培育的根基所在。因此，在学校的引导下凸显家庭对家国情怀的滋养效用，引导学生传承优良家风，倡导家庭教育价值观，将爱家与爱国相统一、将"小我"与"大我"相统一，发挥家庭教育春风化雨、言传身教的优势，增进中学生对家国的情感共识，坚定个体价值、民族价值和国家价值三者一致的价值取向，从而为厚植中学生家国情怀奠定深厚的思想基础。

三、磨砺意志，坚定家国情怀

强国之志是厚植新时代中学生家国情怀的题中应有之义。作为一种崇高的理想信念，强国之志是由浓厚的家国情怀所生发的坚定意志和远大抱负，是人们艰苦奋斗、迎难而上精神的集中体现。同时，强国之志亦具有鲜明的时代性和较强的稳定性，即它不仅随着时代的发展而发展，还有其内在稳定的精神内核。这也正是中华民族几千年来屹立不倒、中国共产党百年来践行初心使命的原因所在。

磨砺家国情怀意志，从根本上讲要重视课程育人这一主阵地。在课堂教学中，要将基于知识传授的教学过程转变为基于学生核心素养发展的教学过程，坚持以学生的学习与发展为本，注重学生的自主探究活动，调动和发挥学生学习的积极性、主动性和创造性。需要特别强调的是，教学活动的类型应丰富多样，可开展课堂讨论，组织辩论会，编演历史剧，举办故事会、诗歌朗诵会、成语比赛、讲座、专题论坛、读书交流会、学习经验交流会等，进行历史方面的社会调查，采访历史见证人，参观博物馆、纪念馆及爱国主义教育基地，考察历史遗址和遗迹，观看并讨论历史题材的影视作品，制作历史文物模型，撰写小论文，编写家庭简史、社区简史和历史人物小传，编写历史题材的板报、通讯等，举办小型历史专题展览，设计历史学习园地的网页，等等。丰富的教学活动类型让学生的体验更深刻，在体验中更能磨砺意志，养成良好的家国情怀品质。

重视学校德育活动，在丰富的德育活动中提升家国情怀认知和情感，更有利于磨砺意志。我们积极引导学生崇尚英雄气概，传承民族气节；树立中国特色社会主义道路自信、理论自信、制度自信、文化自信；树立构建人类命运共同体的意识；逐步确立积极进取的人生态度，形成健全的人格，具有为家乡、国家和世界发展贡献力量的远大理想和责任担当。

四、付诸行动，践行家国情怀

家国情怀的认知、情感、意志，都是为家国情怀的行动服务的。培养学生自觉践行家国情怀、报国之行，是家国情怀最重要的教育之策。实践报国之行是新时代中学生厚植家国情怀逻辑思路的最终环节，即符合家国情怀养成的内在逻辑。中学生的个人命运早已与党和国家、民族的命运休戚相关，因而引导中学生聚焦于民族复兴的使命担当，使之成为爱国之行的实践者、参与者和推动者，才能彻底转化家国情怀教育成果，才能完成立德树人的根本任务。为此，实践报国之行须坚持知行合一原则。我们不仅承担着教学任务，更承担着铸魂育人的职责；不仅是学生价值观念形成的塑造者，更是其思想境界提升的引领者。我们在学生家国情怀培育过程中以身示范、言传身教，自觉提升自身的家国情怀素养，以润物无声、春风化雨的实际行动来厚植中学生的家国情怀。同时，还要将课堂学习与实践活动结合起来，注重实践活动的多样性和实效性。我们需要开展丰富的社会实践和研学活动，让学生感受亲情、走进自然、亲近社会，体味个人与国家、个人与自然、个人与社会的关系，让中学生自觉接受家国情怀熏陶，增强其家国认同感；鼓励中学生参加志愿服务、社会公益及社会调查等活动，让其深入了解新时代背景下的世情、国情和党情，以增强其民族自豪感和社会责任感。只有引导新时代中学生将理论知识、价值观念、品德修养外化为其服务社会、服务国家的物质力量，才能使之在实践中自觉地转化成家国情怀的教育成果，成为符合时代要求、勇担民族复兴大任的时代新人。

在教育教学活动中，始终把握好家国情怀教育的主线，让学生在把握中华民族多元一体的发展趋势，以及世界历史发展的进步历程中，形成正确的世界观、人生观、价值观和历史观；能够积极对历史进行反思，从历史中吸取经验教训，更全面、客观地认识历史和现实社会问题；能够将历史学习所得与家乡、民族和国家的发展繁荣结合起来，立志为新时代中国特色社会主义建设、中华民族伟大复兴作出自己的贡献。

总之，只有对初中生进行家国情怀教育，培育和增进其对中华民族和伟大祖国的情感，才能让学生自觉传承民族精神、增强国家观念，使爱国主义成为广大学生的坚定信念、精神力量和自觉行动。我们开展铸牢中华民族共同体意识教育，进一步促进各民族交往交流交融，增进对伟大祖国、中华民族、中华文化、中国共产党、中国特色社会主义的认同，构筑中华民族共有精神家园。所有这些，都是初中学校开展家国情怀教育、增进学生家国情怀素养的必由之路。

第二章
思政课培育家国情怀策略

在当前全球化迅速发展和信息技术日新月异的时代背景下，青少年所面临的文化震荡和价值观挑战是前所未有的。在这种情况下，如何引导学生坚守文化自信并深化对国家的热爱与忠诚，已成为教育领域亟须解决的一大课题。而初中的道德与法治课程承担着落实立德树人的根本任务，在传承社会主流价值观和推广中华优秀传统文化中也发挥着重要作用。随着新课程改革的推进，思政课教学更加强调以学生为主体的综合素质教育，尤其重视学生个人的核心素养和对祖国的忠诚情感的培养。通过初中思政教育，不仅可以加深学生对中华优秀传统文化的理解和认同，还能增强他们的民族自豪感和文化自信，为培养以实现中华民族伟大复兴为己任的有理想、有本领、有担当的时代新人打下牢固的思想基础。因此，我们基于初中思政课堂的教学实际，努力探索学生家国情怀素养培养的策略，期待更好地培育学生的家国情怀。

第一节　挖掘教材内容

初中道德与法治课程作为义务教育阶段的思政课程，其目标是提升学生的思想政治素质、道德修养、法治修养和人格修养，为学生成长为时代新人打下牢固的思想根基。其中，"家国情怀"作为该课程标准的重要内容，体现了对我国优秀传统文化的深度传承与弘扬，旨在培养学生的爱国主义情感、社会责任感和民族自豪感。

一、家国情怀及其价值

《义务教育道德与法治课程标准》（2022年版）明确指出，"家国情怀"指的是对家庭有深厚的情感，热爱家乡，热爱伟大祖国，热爱中华民族，自觉铸牢中华民族共同体意识，有以实现中华民族伟大复兴为己任的使命感，强调学生应自觉铸牢中华民族共同体意识。这意味着学生不仅要认识到自己是中华民族的一分子，还要积极投身于国家的建设和发展，为实现中华民族的伟大复兴贡献自己的力量。在思政学科的视野下，家国情怀表现为对国家的忠诚与热爱，对民族文化的认同与自豪，以及对社会进步的积极追求。这种情怀不仅是一种情感表达，更是一种行动指南，指引着学生为国家的繁荣富强、民族的伟大复兴而努力奋斗。初中道德与法治课程深刻地阐释了家国情怀的多维价值，这不仅包括确立一种坚定的国家观，认识到国家不仅是公民情感的依托，更是集体利益的最高象征，同时涵盖了对民族文化遗产的珍视与传播，激发民族的自信与自豪。此外，这种情怀也激励着学生积极担当社会职责，通过对公共话题的关注与参与，贡献于社会的持续发展。在新时代义务教育的背景下，培养学生的家国情怀显得尤为重要。通过思政课堂这一媒介，让学生对国家的政治架构、丰富的历史与文化传统以及当前社会动态有了更深层的理解，增强了对国家的认同感与归属感；而且通过家国情怀的教育，还能够激发学生的爱国情绪与民族精神，并唤起他们的社会责任感与历史使命感。

二、发掘教材内容策略

初中道德与法治教材内容是传递知识、塑造品格的重要载体。而家国情怀作为中华民族优秀传统文化的核心组成部分，应当成为我们教育教学的核心目标之一。充分发掘和利用教材内容，是有效培养学生家国情怀的重要途径。

教师要深入解读教材内容，提炼出家国情怀教育的核心要素。初中阶段的道德与法治教科书富含家国情怀的教育素材，涉及国家机构、民族团结、文化遗产及社会职责等多维度内容。为此，教师在准备课程时需细致解读教材内容，洞察并提炼各章节包含的家国情怀要素，同时依据学生实际生活经验和心理发展水平，制定切中要害的教学策略。

以七年级上册《家的意味》为例，在上课过程中引导学生爱家庭、爱家人、爱国家；在阐述我国的政治和经济制度、我国国家机构的相关内容时，教师可以凸显我国社会主义体制的独到之处，引导学生深刻理解国家实力与人民福祉的密切关联；在学习《生活在民主国家》的过程中，引导学生认识我们国家的民主是真实的、广泛的民主，是真正把人民放在心上、真正将民主落到实处的国家；在《坚持改革开放》一课中，要引领学生认识到中国共产党领导的优越性，正是中国共产党的优越性带领人民走向富强民主之路；在讲授《中华一家亲》时，通过叙述历史上的英雄人物和关键历史时刻，唤起学生的民族荣誉感与爱国心。

在八年级上册第八课《国家利益至上》课例中，其"拓展空间"栏目引用诗词"遥知百国微茫外，未敢忘危负岁华""寸寸山河寸寸金，侉离分裂力谁任""寄意寒星荃不察，我以我血荐轩辕"。教师可以先让学生搜集作者写诗时的历史背景，谈谈本诗句所表达的情感，在学生分享的过程中让学生体会到：古往今来，这些洋溢着强烈爱国主义情感的诗句，始终激励着一代又一代中华儿女为实现国家繁荣富强、人民幸福安康而不懈奋斗，进而培育学生的家国情怀。

教材内容的连贯性和系统性也是培养学生家国情怀不可忽视的方面。在初中道德与法治教材的编排中，遵从的原则是逐步深入，由个人到社会、国家，这意味着从学生对自己、对朋友、对亲人的基本认知，再到对集体、对民族、对国家的初步了解，最后到对中华优秀传统文化继承的深入理解、对社会责任的认同和担当，教师在讲解时需要密切注意这一结构特性，确保将家国情怀教育有机地融入整个教学周期。通过这种渐进式的学习方式，学生能够建立起一套全面的家国情怀知识框架，并在此基础上形成坚定的家国情怀。另外，尽管教材的内容设定是固定不变的，教学策略和工具却有着无限的创新空间和完善潜力，教师在激发和培育学生的家国情怀时，应考虑到不同学生独特的背景和兴趣点，从而灵活地采取多元化的教学途径，使得家国情怀的教育既能与学生的日常生活紧密相连，又能满足他们的精神追求。

在八年级上册《建设美好祖国》的授课过程中，教师可以将《厉害了，我的国》的文字片段播放出来，通过展示中国在不同领域取得的成就，从而达到激发学生民族自豪感和文化自信的目标。此外，在本课教学过程中，还可以通过播放《这十年，幸福中国》这样的纪录片，让学生直观地感受到国家的发展变化，探讨这些成就是如何实现的，背后的科学家、工程师和普通工作者付出了哪些努力，让学生思考中国从过去到现在的发展变化，以及这些变化对个人和国家的意义。纪录片的直接展示与书本文字内容相结合，有利于加深学生的直接感受，从而促进学习与思考，提升学生自身的民族文化意识，以达到增强他们的民族文化意识和爱国情感的目的。在学生初步形成爱国主义情怀的关键时期，加深学生对法治道德的学习，在学习教育的过程当中，增强学生的爱国热情和爱国情怀。在讲授本课内容时，教师还可以播放爱国的经典歌曲，让学生在音乐旋律中去体悟，深入思考学习，让学生在欣赏歌曲的同时，深刻感受到道德与法治和家国情怀两者之间的密切关系，深刻地教育和培养广大学生的爱国思想和爱国情怀。这种具象化的视频资料与音乐旋律等，能够让抽象化的内容更加生动活泼，以此来完成课程预设的既定目标。

教学内容的多样化能够更好地体现教材内容，所以选择能够充分表现我们国家道德与法治的电影片段，也是一种有效的方式。在学习八年级下册《国家司法机关》和《公平正义的守护》的时候，可以播放电影《第二十条》的部分片段，电影通过不同的案例展示了法律的复杂性和应用正当防卫的挑战，同时也反映了司法机关在处理案件时所面临的道德和法律的抉择。这些内容与《国家司法机关》和《公平正义的守护》课程的主题紧密相关，能够帮助学生更好地理解法律的作用和司法机关的重要性。在课堂上播放电影片段，可以作为引入讨论的契机，让学生思考如何在现实生活中应用法律知识，以及如何在面对不公时维护正义。教师可以引导学生讨论电影中的情节，分析法律原则如何在具体案件中得到体现，以及如何在保护个人权利的同时维护社会的整体利益。此外，电影中的台词和情节可以作为讨论的素材，帮助学生深入理解法律的精神和目的。例如，电影中提到的"法，不能向不法让步"这一观点，可以激发学生对法律尊严和司法公正的思考。总之，将电影《第二十条》的片段融入道德与法治课程，是一种创新的教学方法，能够提高学生的学习兴趣，加深他们对法律和司法实践的认识，从而培养他们的法律意识和公平正义的价值观，加强学生的认同感、自豪感和社会责任感，使学生在观看电影的过程中能够形成强烈的爱国爱家情感。

  教师还可以通过组织研学活动，让学生在亲身体验实践过程中厚植家国情怀。在讲授八年级下册《坚持宪法至上》这一单元时，我们可以组织学生去法治基地进行实地参观学习。在这样的科学教育活动方式下，学生不仅能够深刻地体会和认识到我们国家法治的重要性，具有自觉保护我们国家固有领土和公民权利的法治意识，也能够形成正确的国家价值观念，为自身的健康发展提供有效的帮助。

第二节　创设活动情境

在初中道德与法治教学中创设活动情境，融入家国情怀，是一项重要的教育任务。通过创设与学生生活紧密相关的教学情境，可以激发学生的学习兴趣，引导他们深入思考，从而更好地理解和接受家国情怀的价值观。

一、以培育学生的理想信念为目标

家国情怀素养培养对个人成长至关重要。教师可以通过歌曲、故事、视频等多样化的教学模式来进行家国情怀教育。例如，播放爱国歌曲或讲述英雄人物的故事，可以激发学生的爱国情感。同时，教师可以将学生身边的好人好事作为案例，让学生感受到家国情怀的具体体现，从而增强他们的价值认同。在中学思政教育中强化家国情怀培育，不仅能够拓展教育渠道，还能够促进中学生的身心健康成长。中学生正处于理想信念形成与发展的关键时期，是新时代征程中的新生一代，提升中学生的综合素质，是增强国家综合国力的重要基础。中学生的思维较为活跃，但是心智尚未成熟，自身的个性特征较为分明，缺乏一定的事物辨析能力，很容易受到一些消极思想的影响，只有在思政教育中积极渗透家国情怀教育，才能够让中学生树立起积极的价值观念和理想信念。对中学生实施正确的价值引导与培养，让中学生具备良好的道德素质与意志品质，能够在生活中做出正确的价值选择与价值判断，拥有热爱家乡、热爱祖国的情怀，具有多方面的现实意义。在当今思潮多元与挑战中，坚定的家国情怀成为个人在逆境中坚守理智与方向的关键力量，这种深植人心的情感不仅唤起了人们对祖国深沉的爱和民族自豪感，还鼓舞人们积极投身于国家的建设中。家国情怀所蕴含的动力，不仅驱动个人追求卓越，亦促使其在社会舞台上发挥更为显著的影响力。

二、优化教学情境策略

情境教学是"活化"道德与法治课堂的有效方法。教师可以设计一些与学生生活紧密相关的情境（如模拟社区服务、参与学校管理等），让学生在参与和体验中培养责任感和集体荣誉感。通过这些活动，学生能够将抽象的道德规范转化为具体行动，从而更好地理解和践行家国情怀。

家国情怀素养培养对优秀传统文化传承以及社会和谐稳定具有重要意义。在中学思政教学活动中，全面渗透家国情怀教育理念，能够引导中学生积极继承与弘扬中华优秀传统文化，让中学生养成积极的文化价值观，激发中学生的文化自信与民族自豪感，使其拥有崇高的理想信念与价值追求。中华优秀传统文化属于中学思政教育中的宝贵教育资源，在传统文化中蕴含着丰富的家国情怀，只有全面、深刻地讲解思政教材中的家国情怀，才能够实现中华优秀传统文化的创新发展与创造转性化，让学生拥有良好的情感体验与学习体验，点燃中学生的爱国之心，强化中学生的文化归属感，使其成为中华民族未来的接班人与建设者，为祖国繁荣发展奉献出自己的一份力量。在一个由高度家国情怀凝聚的社会里，团结与和谐构成了社会的基石，积极向上的氛围成为其特征，社会成员携手合作以保卫国家的根本利益和荣誉，共同应对各类风险与挑战。这种深厚的家国情怀不仅唤起了公众的集体意识和合作意愿，而且促进了彼此之间的理解与宽容，有效地减少了社会的矛盾和冲突。进一步讲，家国情怀引导民众确立了崇高的价值和道德观念，从而推动社会习俗的向善与向上。

此外，教师还可以结合时事热点（如国家重大节日、纪念日等），组织相关的主题教育活动。这些活动可以帮助学生了解国家的历史和文化，增强他们的国家认同感和民族自豪感。

教师还应当注重培养学生的批判性思维能力，鼓励学生对所学知识进行深入思考和质疑，引导他们在多元价值观中做出正确的选择。通过这样的教学实践，学生的家国情怀将更加深厚，他们的道德素养和法治观念也将得到全面提升。家国情怀素养培养的现实意义深远而重大，它不仅是个人成长的重要基石，更是社会和谐稳定与国家繁荣发展的有力支撑。家国情怀素养培养对国家繁荣发展具有不可或缺的作用。一个拥有强烈家国情怀的民族，必然是一个充满活力和创造力的民族。家国情怀能够激发人们的创新精神和奋斗精神，推动国家在各个领域快速发展。同时，家国情怀还能够增强国家的凝聚力和向心力，使国家在面对外部挑战时能够团结一心、共克时艰。

在初中道德与法治课堂上，家国情怀的培养是一项至关重要的任务。在中学教育活动中，注重爱国情怀培育，还能够强化中学生的学习情感体验。在家国情怀教育理念中蕴含着较为丰富的热爱家乡、热爱祖国的主题，教师需要结合实际生活情境、故事情境来讲解思政知识，相较于传统课堂中教师单方面灌输知识，这种方式能够给予中学生更好的情感体验与学习体验，使其深入感知教材中蕴含的家国情怀，培养中学生积极的情感价值观与文化价值观，促进中学生的全面发展。同时，在教育中注重爱国情怀培育，能够让学生从小拥有远大的理想抱负，对中学生未来参与社会生活、学习活动都是非常有益的，能有力地促进中学生的全面发展。为了有效融入家国情怀教育，教师需要精心创设恰当的活动情境，使学生在参与和体验中深化对家国情怀的理解和感悟。

所以,在设计课堂活动时,教师应以社会主义核心价值观作为指导,依据学生的具体需求和课程目标,策划一系列与家国情怀息息相关的教学活动。以学习八年级下册《公民权利》这一课时为例,学生可以通过模拟选举的方式,深入参与民主选举的实践过程,在担任选举者或被选举者的角色中,亲身感受我国公民选举权的神圣与庄严。设计这种课堂活动,不仅加深了学生对于公民权利的理解,还有助于唤起他们身为我国公民的自觉,同时培养了学生对国家的责任感与使命感。

活动情境的创设更应当注重情感渲染和氛围营造。教师可以通过分享那些触动灵魂的家国故事、播放激起心灵震动的电影片段等多样化方式,唤起学生情感的共鸣。同时,利用课堂环境的巧妙构建(比如悬挂鲜明的国旗、张贴饱含爱国情感的标语),来打造一种充满家国情怀的学习氛围。在这样的教育环境里,学生将有机会更加深入地理解家国情怀的丰富内涵及其重要价值,进而更自觉地融入这种理念,并体现在他们的日常行为中。教师让学生成为组织者,从设计到参与,以此来增强体验感和真实感,并能设身处地,从不同方面去思考解决问题的方法,创造一个良好环境,从而加强学生的认知度与认同感。

在学习九年级上册第三课《参与民主生活》的时候,我们可以完整地设置一个真实情境模拟,让学生模拟成为乡镇小书记,通过乡镇书记的工作来了解我们国家的民主以及民主的实现,这样有助于学生更好地理解书本内容,且更能够提升认知,理解人民,加强对国家、对人民的热爱,促进家国情怀的培养。

活动情境的创设还应当注重实践性和互动性。通过教师的引领,学生得以投身于各种社会实践活动——在学习《国家利益至上》《服务社会》的时候,带领学生踏入那些充满历史氛围的革命纪念馆,或是在社区中投身于志愿服务之中,这些经历让他们在行动中亲身体验到了家国情怀的深远影响力。

为进一步加深学生对家国情怀的领悟,教师也要精心设计诸如小组讨论和角色扮演等多元互动环节,借助交流与协作的过程,有效提升学生的参与感和主动性,同时在不知不觉中锻炼他们的团队合作和社会适应能力。在营造教学活动情境时,教师需确保活动的深度与实际成效,避免走入形式主义的误区;更要考虑到活动的多样性与创新性,应兼顾学生的个性化需求和兴趣点。强化对活动的精心引导和深思熟虑的评价,是为了让学生在参与中获得真实的体验和成长。

教师可以通过在课堂中设计挑战性任务来促进学生对教材内容的理解。在讲八年级上册第五课《做守法的公民》时,在课堂上组织一场"尊法、守法、用法"的分享会,激励学生通过前期调研和访谈等手段发掘及分享身边的守法故事,这不仅锻炼了他们的信息搜集能力与口语表达技能,也让他们在分享的过程中体味国家法律的严肃性与温度。在学习七年级下册《法律为我们护航》之前,可以通过前置任务,让学生去社区等地进行采访、调研,了解对未成年人的特殊保护。

为了增强活动的沉浸感,在课堂中可以巧妙应用现代教育技术,充分发挥多媒体的作用,通过多媒体课件展现相关的照片和视频资料,直观传达家国情怀的各种面貌,这种方式在学习中华优秀传统文化这一块更是极具优势。在学习九年级上册第五课《延续文化血脉》时,可以播放河南卫视关于中华优秀传统文化的节目及《逃出大英博物馆》等视频,通过声画形象生动地展现中华传统文化的特色,提升学生的民族自豪感和文化认同感,增强文化自信。还可以借助网络平台,举办主题征文、短视频创作等线上比赛,提供一个更开阔的舞台,让学生充分展现自己的创造力和分享自己的感悟,在参与这些活动的过程中,潜移默化地培养学生的家国情怀。

第三节　开展议题式教学

议题式教学是落实活动型学科课程的重要抓手。要做好议题式教学的设计与实施，就要正确理解议题和议题式教学，正确认识活动型学科课程中活动设计与学科内容的关系，避免"为活动而活动"。在议题式教学的设计中，要精心设计议题式教学的问题链条和展开流程，充分体现教学逻辑和学生认知规律要求。议题式教学的评价要坚持立德树人的根本任务和素养培育的明确导向。

一、以议题式教学培育家国情怀

议题式教学，是指以学生真实生活情境中具有开放性、指向性、思辨性、综合性、系列性的探究话题为抓手，以结构化的学科知识为支撑和主线，以提高学科核心素养为核心，通过学生参与社会实践、课上合作探究等方式进行的一种教学方法。所以，针对教材内容确定好议题是重中之重。教师可以从不同角度去思考议题，让学生进行思考、讨论，从而解决问题。议题式教学突出思辨性，对于培养学生的家国情怀有着十分重要的意义。

二、开展议题式教学的策略

教师需要对教材内容进行深入挖掘，提炼出具有可议性、耐议性和思想性的议题。这些议题应该能够启发学生的发散性思维，同时考虑不同层次学生的发展需求，确保每个学生都能参与到讨论中来。议题的选择应紧密结合学生的实际生活，用生活化的素材激发学生的探究欲和好奇心。在学习"社会规则""社会秩序""法律"等相关内容时，教师就可以通过讨论"电动车乱象"等生活话题，引导学生思考规则意识和法治观念。在议题式教学中，教师还可以设计一些与家国情怀相关的议题，如"如何增强国家认同感""如何在日常生活中体现爱国精神"等，引导学生进行深入讨论和思考。

作为思政学科，榜样的力量占据了重要的一部分。我们可以从榜样人物出发来进行思政课的学习。榜样是一种力量，它能够激励人们追求卓越、激发家国情怀；榜样也是一面镜子，反映出家国情怀的光辉。借助榜样的力量来唤醒学生的爱国心被视为一种高效的教学手段。这样的教学方法不只是加强学生的政治认识，也有助于他们形成对社会的责任感以及对历史的担当意识。

在探究"富强、民主、文明、和谐"等社会主义核心价值观的内容时，教师可巧妙结合革命领袖如毛泽东、周恩来的历史贡献和现代名人的事迹来强化教学效果。毛泽东不懈追求的信仰和周恩来为人民服务的精神，张桂梅、钟南山的无私奉献等，不同时代的英雄榜样，都能深刻触动学生的心灵。借助多媒体工具，展现这些英雄在不同时期对国家和民族的巨大牺牲与奉献，让学生理解他们的努力是如何造就了国家的现代繁荣。在讲授过程中，教师应鼓励学生将学到的家国情怀转化为生活和学习中的具体行动，实践社会主义核心价值观。学生可以从关注社区发展、投身环保活动、参加志愿服务等小事做起，以实际行动继承和弘扬爱国精神。这种教学方式不仅能让学生了解国家英雄，还有助于帮他们领悟家国情怀的深层含义，激励他们成长为有社会责任感的公民。这样的教学既充实了学生的政治知识，又对其情感认同、价值观念的培育和个性发展都产生了积极影响。

第二章 思政课培育家国情怀策略

以学习八年级上册第七课《积极奉献社会》这一课时为例，教师可以通过分享具有强烈社会责任感的榜样（如雷锋和郭明义等）的生平和成就，来启发学生的社会关怀。这些典型事例展示了他们对社会的深切关爱与承担责任的勇气。借鉴这些故事，学生可以逐步形成积极参与社会、奉献社会的观念，并将社会主义核心价值观自然融入自己的行为实践中。此外，教师可以分享那些在国家历史进程中扮演重要角色的个人故事，如邓稼先、钱学森的事迹等。这些杰出人物承载着民族的希望，在科学、经济和国防等关键领域作出了卓越的贡献。向学生介绍他们的成就和奉献精神，可以帮助学生理解自己对于民族和未来的重要性，并唤醒他们内心深处的历史责任感。最后，借助榜样故事，培养学生的道德品质。

在教授七年级下册第三课《青春的证明》，讲到"榜样的力量"这部分内容时，教师可以向学生介绍一些以优秀道德行为著称的人物，比如孔繁森、杨善洲等。这些人以他们正直的品行为学生树立了榜样。让学生了解这些榜样的生平和精神，能够激励他们汲取道德的养分，进而形成崇高的道德品质。总之，在初中政治教学活动中，采用榜样的故事来激励学生的爱国之心是十分有效的方法。通过这样的方式，学生将会更深刻地理解和实践社会主义核心价值观，同时培养出学生的社会责任感与对历史的认知。这种教育不仅能帮助学生树立正确的价值观，还能为他们将来成为社会主义事业的建设者打下坚实的基础。最后再进行有效评价，明确学生发展方向。项目学习结束后，应进行有效评价。评价方式可以多样化，包括自评、互评和教师评价，以全面、客观地评估学生的学习情况。评价不仅要关注学习成果，也要关注学习过程和学习态度。

通过这些策略，教师可以有效地将家国情怀融入初中道德与法治的教学中，帮助学生建立正确的价值观和道德观，培养他们成为有责任感和使命感的公民。

第四节　优选红色资源

家国情怀不仅体现为对祖国的深情，还涵盖了学生对国家和民族未来的关切及应当承担的责任。在初中道德与法治课程中，优选红色资源并激发学生的家国情怀是一项重要的教育任务。

一、红色资源及其作用

红色资源作为中国革命历史的见证，蕴含着丰富的教育价值和精神财富，对培养学生的家国情怀具有不可替代的作用。为实现这一目标，教师需巧妙地将红色教育资源融入教学过程中。教师可以将红色资源与道德与法治课程内容相结合，通过讲述革命故事、英雄事迹，让学生了解中国共产党的光辉历程和革命精神，从而激发学生的爱国情感和民族自豪感。通过分享革命历史故事和红色文化，可以有效增加学生在家国情感上的投入，从而更加深入地把握和理解家国情怀的深厚内涵，激活家国情怀。

二、利用红色资源进行家国情怀教育

教师在设计初中思政课程时，应当选择那些蕴含丰富教育意义且与历史紧密相连的红色素材。在讲授九年级上册第五课《守望精神家园》时，

第二章　思政课培育家国情怀策略

教师可以向学生展示革命先烈的伟大事迹，如杨靖宇将军顽强对抗严苛自然和敌人疯狂进攻的坚定意志，叶挺独立团中战士们为了共同目标团结互助、视死如归的决心，以及邓小平同志在推进改革开放时所表现出的卓越远见与创新精神，等等。正是因为这些前辈的努力与付出，我们才能有今天的幸福生活，让学生在今昔对比中感受到对国家、对民族的热爱与自豪。

再以学习讲授九年级上册第七课《中华一家亲》为例，可以讲述郑成功收复台湾、左宗棠收复新疆等民族英雄的事例，这些英雄事例不仅可以让学生感受到我国在前进和发展道路上的不易，也启迪学生认识到个人对于祖国、民族的贡献与关爱是多么高尚和必要。

为了丰富政治课教学内容，除了传授红色文化知识，教师也可以引领学生深入参与红色文化体验活动。学校可以与当地的红色教育基地建立合作关系，定期组织学生参观学习，让学生在实地参观中感受红色文化的魅力，增强教育的实效性。可以安排学生走进革命遗址、参观红色展览馆，或是开展以革命史为主题的调研项目。通过这种亲身体验，学生不仅能够接触和感受到红色文化的独特魅力，亲历历史重要场景，听取英雄人物的传奇故事，还能在情感上建立起对祖国和民族的深刻联结。在教授红色历史故事的同时，教师应当重视培育学生具备批判性思维和对问题的敏感度。他们应该被鼓励在了解这些故事的过程中，去联系和思考社会实际问题，以及国家与民族的发展前景，还有自身所能贡献的力量。还可以组织以红色文化为主题的班会、演讲、征文、绘画等活动，让学生在参与中深入理解和体验红色精神，进一步内化为自己的情感和行动。这样一来，学生对祖国的情感不仅是感性的认同，更能转化为实际行动力，为社会的发展和国家的进步作出积极的贡献。

为了让课堂更加生动化、具象化，我们还可以充分结合现代信息技术，如 AR、VR 等，将红色资源数字化，制作成教学视频、互动软件等，使红色教育更加生动、直观，从而提高学生的学习兴趣和参与度。实行这些教学方法后，学生对国家的认同感和责任感将得到显著增强。他们不仅学会了解和继承革命传统，也会在日常生活中努力践行社会主义核心价值观，并致力于国家的繁荣昌盛建设。这种教育方式有助于我们从历史中吸取经验教训，开创未来，培养具备深刻爱国情感和开阔国际视野的新一代青年。

第五节　设计课后任务

初中道德与法治课堂不仅是传授知识的殿堂，更是培育学生家国情怀的重要阵地。在这个过程中，课程作业设计作为教学的重要组成部分，对提升学生的家国情怀具有举足轻重的作用。因此，创新课程作业设计，使其能够充分体现家国情怀，是当前初中道德与法治教学的重要任务。在初中道德与法治课程中设计课后任务，以体现家国情怀，可以通过多种方式激发学生的兴趣和参与感。

在设计作业时，教师需深入阅读教材，以精准捕捉家国情怀教育的关键元素，进而巧妙地将这些元素融入作业的构思之中。

在学习"家庭""国家利益"等相关内容时，可以设计一个家庭访谈任务，让学生回家采访长辈，了解家族的历史故事，特别是家族成员在国家重大历史事件中的角色和贡献。让学生记录访谈内容，并在下一堂课上分享最触动他们的故事，以此来提高对家族和国家历史的认识。

可以推荐学生观看具有教育意义的红色电影或纪录片，如《建国大业》《建党伟业》等。要求学生撰写观后感，思考电影中展现的家国情怀，并将其与现实生活中的个人行为和社会责任相联系。

在讲授八年级下册第五课《我国的政治和经济制度》时，教师可以让学生观察身边小事，鼓励学生开展对我国政治和经济制度的探究，让他们通过直接参与和观察，领会我国政治制度的独特优势和特征，这样不仅有助于增强学生的国家归属感和自豪感，还能深化他们对国家认同的情感。在讲授八年级上册第一课、八年级下册第六课的时候，可以设计实操型作业，比如鼓励学生参与社区服务，帮助清理公共空间、参与社区文化活动等。

教师要让学生通过实际行动体会服务社会的意义，理解个人对社会和国家的责任。结合学校或者社区发展实际情况，作为人大代表和政协委员进行提案；收集法院、检察院经手案例进行讨论；等等。此外，在讲授九年级上册第三课《追求民主价值》时，结合当前国际国内时事动态，教师可以设计与国家大事、政策相关的作业任务，激发学生对国家发展进程的兴趣，同时培育他们对社会的责任感与担当意识。

创新课程作业设计还应注重实践性和体验性，让学生在亲身实践中感受家国情怀。可以在学习过程中组织模拟联合国会议，让学生代表不同的国家讨论全球性问题。通过模拟外交官的角色，培养学生的国际视野和国家利益观念。

传统作业的设计倾向于强调知识点的记忆与理解，往往未能充分考虑动手实践和亲身体验的教育价值。在这样的背景下，教师在制订作业计划时应当着力增添实践性和体验性元素，以促使学生在完成作业的同时，通过切身体验来深刻感悟家国情怀。

教师可以在假期中布置社区调研或是社区志愿服务相关的任务，让学生通过深入社会、奉献劳力的方式，既加深对社会的认知，也锻炼其社会责任心和奉献意识。在讲授完九年级上册《延续文化血脉》之后，可设计偏向实践性的作业，让学生结合当地本土文化资源，设计出一条文化旅游路线，既让学生了解本土文化，也培养学生的文化自信和民族责任感。还可以让学生选取一处本土文化资源，制作宣传海报，加深对本土文化资源的认识与理解。甚至还可以将本土文旅资源直接做成一份对外宣传的旅游报纸，提升大家的本土自豪感，也增强自己身负传承中华优秀传统文化并不断创新的责任感与使命感。

利用课余时间安排学生参观历史博物馆或纪念馆等场所也是一种行之有效的方式，通过这样的活动不仅可以增进学生对国家历史和文化的了解，还能让他们亲身感受到中华民族不屈不挠的伟大精神。

创新课程作业设计需要关注学生的个体差异和兴趣特点，设计多样化的作业形式。每个学生都是独一无二的个体，他们的兴趣、特长和发展需求各不相同。因此，教师在设计作业时，应充分考虑学生的个体差异，设计多样化的作业形式，以满足不同学生的需求。对于喜欢写作的学生，可以设计一些关于家国情怀的征文活动；对于善于表达的学生，可以组织一些以家国情怀为主题的演讲比赛；对于喜欢绘画的学生，可以开展一些以家国情怀为主题的手抄报比赛；等等。这样多样化的作业形式不仅可以激发学生的学习兴趣和积极性，还能够让他们在完成作业的过程中充分发挥自己的特长和优势。

第六节　拓展教育实践

　　家国情怀是中华传统文化的精髓，是初中思政教学中不可或缺的内容，通过思政教学活动弘扬家国情怀，培养学生的爱国之情，使他们树立将个人与集体发展结合在一起的社会责任意识。在初中道德与法治课程中，拓展教育实践是培养学生家国情怀的重要途径。教师要充分发挥主观能动性，丰富创新教学生活化的教学内容，注意在教学中发挥学生的主体作用，让学生通过思政课程的学习，感知生活的变化与发展，明白我国发展的艰辛曲折，珍惜现在来之不易的美好生活，激发学生热爱祖国的情感，调动学生积极承担社会责任的意识，使学生从容地处理好现实生活中自己与他人、个人与集体、个人命运与民族命运的关系，拥有心怀天下的情怀，建立起个人发展与社会发展统一的正确价值观念。在探索初中道德与法治课堂中如何有效培育学生的家国情怀素养的过程中，我们必须打破课堂与现实生活之间的隔阂，鼓励学生走出课堂，积极参加教育教学实践活动，不断开阔学生的视野，提升学生的政治核心素养，让家国情怀落地生根。

　　学生通过参与政治教育活动，学会搜集时政资料、掌握史学证据、评析社会现实问题，能激发他们学习道德与法治这门科目的热情，深化对政治学科知识的理解与掌握。拓展家国情怀教育，应引导学生参与实践活动，更好地领悟思想政治教育所具有的社会价值和思想意义，教导学生进一步增强民族认同感和民族自信心，努力为实现中国梦而奋斗。例如，教师可以利用一些平凡朴实、平易近人的活动形式，有针对性地组织开展实践教育活动，引领学生参与实地考察，提高实践学习效果，增加交流互动的机会；或带领学生参观本地的革命历史教育基地、革命遗址等，开展党史研学活动，深度感受丰富的红色文化，让学生养成对革命先烈的敬仰和崇敬之情，激发爱党爱国的自豪感；或利用校园文化艺术节的有利契机，开展党史简报制作、历史文化剧会演、红色故事演讲、志愿者服务等活动，在这样的氛围中，学生能自由表达观点、分享想法，从而在互动交流和团队协作中锻炼思维，促进个人的全面发展；通过组织参观、社区调研、走访交流等活动，学生能够走出教室，直观感受社会的动态与国家政策的实施，从而加深他们对国家的认同感和民族自豪感。这些实践活动不仅丰富了他们的生活经验，而且锻炼了他们的实践与创新能力。不仅如此，家庭和社会环境对孩子们的价值观形成和心灵成长也起着至关重要的作用。教师应主动与家长沟通，共同关照学生的全面成长，同时社会媒体和公众舆论亦应发挥其正面影响力，为年青一代营造一个健康向上的成长氛围。因此，通过精心挑选与学生生活息息相关的教学实践活动内容、创新教学方法、营造良好的社会实践环境，不仅能将家国情怀的教育与学生的日常生活紧密相连，更能引导他们在认知的提升和个性的成熟中，深刻理解和体会家国情怀的深层意义与价值。

总之，"天下之本在国，国之本在家，家之本在身"。中国传统的家国观念，强调了个人、家庭和国家之间的关系。在这种观念中，个人是家庭的基础，家庭是国家的细胞，而国家是个人和家庭的保障。这种由内而外的层级关系，说明了个人修养、家庭和睦与国家稳定之间的内在联系。家是最小的国，国是千万家。仰望历史的天空，家国情怀熠熠生辉；跨越时间的长河，家国情怀绵绵不断。至真至深的家国情怀，根植于精神的沃土。精神是一个人的立身之本，也是一个民族、一个国家的繁荣之基。我们要让家国情怀在学生心底牢牢扎根。在新时代教育背景下，教师必须持续优化道德与法治课堂教学，着眼于学生综合能力和素质的提高，坚持以培育学生健全向上的人格、形成崇尚家国和民族的信念为宗旨，真正推进学生家国情怀素养教育。

第三章

历史课培育家国情怀策略

历史学科作为一门充满人文情怀的学科，在引导学生热爱家乡、热爱祖国、放眼世界方面具有重要意义。教育部2022年版《义务教育历史课程标准》强调："家国情怀是学习和探究历史应具有的人文追求与社会责任。"因此，在初中历史教学中如何培养学生良好的家国情怀，落实立德树人根本任务成为当前初中历史学科教学的重要课题。

通过历史学习，学生能够从历史的角度认识中国的国情，培养家国情怀，形成对祖国的认同感；能够认识中华民族多元一体的历史发展趋势，形成对中华民族的认同感，具有民族自信心和自豪感；了解并认同中华优秀传统文化，认识中华文明的历史价值和现实意义；认同社会主义核心价值观，树立道路自信、理论自信、制度自信和文化自信；了解世界历史发展的多样性，理解和尊重世界各国、各民族的文化传统，形成广阔的国际视野；能够确立积极进取的人生态度，塑造健全的人格，树立正确的世界观、人生观和价值观。

第三章　历史课培育家国情怀策略

第一节　合理利用教材

参与人教版初中历史教材编订的叶小兵教授曾在讲座《初中统编教材的使用建议》中谈到，现行的全国统编教材充分体现了国家的主流意识形态，有着明确的政治导向和价值取向，是落实立德树人根本任务的重要载体。因此，教师应该充分研究教材这一载体，发掘有利于培养学生家国情怀素养的教育元素，使学生在学习知识的同时受到思想情感方面的熏陶和培养。

一、掌握历史发展脉络

掌握历史发展脉络对于家国情怀素养的培养具有深远而重要的意义。家国情怀，作为一种深厚的情感认同和责任担当，根植于对国家和民族历史的深刻理解与感悟之中。

七年级上、下册主要依照朝代更替的顺序梳理了古代中国的历史发展脉络和统一多民族封建国家形成与巩固的过程。学生通过这两册教材从历史的角度认识中国国情，理解中华民族的起源和发展具有多元一体的特征，从而深刻体会到作为中华民族一员的归属感和自豪感，使学生认识到在民族政权并立时期各民族的交往融合以及在国家统一时期各民族的共同发展、共同繁荣。这对培养学生的民族认同感、铸牢中华民族共同体意识起着重要的作用。这种认同感不仅是对过去的回顾，更是未来发展的强大精神动力。

八年级上册围绕中国近代历史发展的两条线索（一条是列强侵略中国的线索，另一条是中国人民反对外来侵略、积极探索救国救民道路的线索），展现了中华儿女在屈辱中走向觉醒，积极抗争，为争取民族独立和解放而不屈奋斗的历程。列强的侵华战争一步步加剧了中国的民族危机，使得中国的半殖民地化程度不断加深。对这段历史的深入了解可以让学生感悟到国家处于危难之际捍卫祖国主权和民族尊严的重要性。

八年级下册则主要呈现了在中国共产党的领导下，我国进行社会主义革命、社会主义建设以及改革开放、建立和发展中国特色社会主义道路的历史。学生可以感受到现代中国在中国共产党的领导下，结合国情，勇于创新，实施改革开放，国家综合国力不断增强，人民生活水平不断提高，从而激发学生对党和国家的热爱，坚定地拥护中国共产党的领导和坚持中国特色社会主义道路，树立道路自信、理论自信、制度自信、文化自信。

九年级上、下册展现了世界文明从奴隶社会走向封建社会，再走向资本主义社会，以及社会主义从空想到科学、从理论到实践的过程。学生在这两册书中能通过不同地区的历史和文化差异，了解并尊重世界文明的多样性；在东西方政治文明发展中，理解人类政治从专制走向民主、从人治走向法治的历史必然趋势；也能在反殖民斗争、无产阶级革命、反法西斯战争中认识到正义必将战胜邪恶这一真理。这两册教材对学生形成开阔的国际视野、树立正确积极的世界观和价值观起着重要的作用。

二、挖掘历史人物与故事

历史人物是历史的见证者和创造者，他们的爱国情怀是培养学生家国

第三章 历史课培育家国情怀策略

情怀的重要素材。数千年来，历史上无数英雄志士在这种"家国情怀"的熏陶和指引下，怀抱着保家卫国、济世安民的理想上下求索，慷慨以赴的故事不绝于耳。"烽火连三月，家书抵万金"是杜甫忧国的情思；"一心中国梦，万古下泉诗"是郑思肖对国家的殷殷期盼……教师应深入挖掘教材中关于历史人物的故事和事迹，引导学生学习他们的爱国精神和高尚品质。

七年级上册中所介绍的西汉时期的张骞，为国分忧，应募出使西域，曾在途中两次被匈奴抓住，被扣押十余年，但他坚持完成使命。他为西汉时期中国的对外经济、文化交流作出了突出的贡献。两千多年来，张骞的精神和业绩一直为世人所称颂，他成为中西方人民广泛认同的开拓进取的典范。学生从他的身上能感悟到勇往直前的开拓精神、矢志不渝的顽强毅力和勇于进取的品格，以及不辱使命、持节不失的爱国精神。以霍去病抗击匈奴的故事为例，霍去病在年少时就高喊"匈奴未灭，何以家为"，多次率领汉军深入大漠，大败匈奴。这个故事可以让学生感受到古代将领保家卫国的英勇无畏，以及他们将国家利益置于个人利益之上的高尚情怀。

七年级下册中所介绍的南宋时期的文天祥，在兵败被俘后留下"人生自古谁无死？留取丹心照汗青"的千古名句。他在严词拒绝元世祖忽必烈的劝降后，慷慨赴死，在刑场上面南而拜，以表对国家与民族的忠诚。他在面对国家危难时毫不退缩，坚持为国家和人民奋斗到底。他的爱国情怀和忠诚精神鼓舞了无数后世的爱国者和志士，也能启发学生树立为国家富强、民族振兴而努力奋斗的责任感和使命感。以岳飞精忠报国的故事为例，教师可以引导学生深入分析岳飞的品质。岳飞不仅有卓越的军事才能，更重要的是他对南宋朝廷的忠诚不二，对国家领土完整和人民安宁的坚定捍卫。他在面对金兵的强大攻势时，毫不退缩，以"还我河山"为己任，奋勇杀敌。教师可以通过分析岳飞的诗词、军事决策等方面，让学生全面理解岳飞的爱国精神、民族大义和忠诚守信等品质。

八年级上册中也涉及大量杰出的中国人，中国的近代化进程中他们肩负着时代责任，坚定地反对帝国主义、封建主义。有"苟利国家生死以，岂因祸福避趋之"的民族英雄林则徐；有视死如归，自沉黄海，壮烈殉国的邓世昌；有变法失败选择慷慨赴死，用鲜血警醒世人的谭嗣同；有在反扫荡作战中血洒疆场的左权将军；有年仅15岁用生命书写坚定与忠诚，"生的伟大，死的光荣"的共产党员刘胡兰……从历史人物的抗争中学生学习到的是不畏牺牲、救国救民的爱国精神，也能感悟到中国共产党领导新民主主义革命的革命传统和坚定信念，从而能够激发学生的爱国热情，提高学生的社会责任感和责任担当意识。

三、突出科技文化成就

历史是文化的载体，重视中国历史上重要的科技文化成就有助于传承和弘扬中华优秀传统文化，同时也在理解历史的基础上推动文化的创新与发展。这种文化传承与创新是家国情怀的重要体现，也是国家软实力的重要组成部分。

在中国古代史中突出的创新科技成果是四大发明，它们是中华民族智慧的结晶和中国古代科技发展的骄傲。七年级上册中汉代造纸术的发明与改进为人类提供了经济、便利的书写材料，掀起了一场人类文字载体的革命；唐宋时期印刷术的发明与发展对人类文明的发展产生了重大影响；北宋以后指南针的应用大大促进了世界远洋航海技术的发展；火药武器的使用，改变了传统作战方式，传播到欧洲后还推动了欧洲社会的重大变革。因此，四大发明对我国经济、军事、文化等方面产生过较大的影响，也对世界思想解放和社会变革起到了重要的推动作用。加强学生对中国古代科技成就及其对世界的重大意义的了解,有利于增强学生的民族自豪感和民族自信心,进而加强学生的民族凝聚力。

另外,中国古代在文学和艺术方面的成就辉煌。《诗经》《楚辞》和汉赋、唐诗、宋词、元曲、明清小说等,这些文学形式和作品不仅记录了中华民族的历史变迁,还蕴含了丰富的文化内涵和民族精神。古代艺术成就也是中华民族历史文化的重要组成部分,它们以独特的形式记录了中华民族的历史变迁、文化传承和民族精神。在教学中突出中国古代绘画、书法、雕塑、建筑等丰富的艺术成就,使学生能够更深入地了解中华民族的历史文化,增强对民族的认同感和归属感。这种认同感是涵养家国情怀的重要基础,为学生更加珍惜和热爱自己的民族和国家提供了丰富的精神滋养和文化支撑。

第二节　创设课堂情境

创设课堂情境是融入家国情怀教育的有效途径。通过生动具体的情境设计，可以激发学生的情感共鸣，促进他们对家国情怀的理解和认同。新课改以后，中考命题强调"无情境不成题"。以中考为指向标，笔者认为在日常教学中，也要做到"无情境不成课"。

一、运用课内外素材丰富历史情境

历史课堂教学如果陷入空洞的说教，那么其教育效果肯定会大打折扣。运用多样史料，利用有情、有境、有趣的师生互动的教育方式，让学生"神入"具体的历史情境，架起与历史对话的桥梁，感受历史的脉搏，在情境中激活隐性教育价值，实施家国情怀教育。

在学习《百家争鸣》一课时，教师可以用《论语》中耳熟能详的孔子经典言论作为导入，如"三人行，必有我师焉""温故而知新，可以为师矣"等，对传统经典的适当运用，能拉近学生与历史的距离，提升学生的学习兴趣。这不仅缩短了空间上和时间上的距离，而且创设了一个适合学生的学习情境，容易激发学生学习历史的热情和兴趣，提高学习效率，提升历史认知水平。在《安史之乱与唐朝衰亡》一课的学习中，教师可以用杜甫的《忆昔》与《春望》这两首诗做对比，引发学生思考"开元盛世"与"安史之乱"的真实情境,更能让学生体会人民"厌恶战争,渴望和平,期待统一"的情感,既为下文的展开做好了铺垫,又能使"家国情怀"的培养自然地渗透其中。

在教学素材的选择上,教师不要拘泥于文字材料的形式,历史纪录片、电影片段、电视剧集等视频资料,照片、绘画、音乐等也能将学生带入特定的历史时代和场景中。在学习《战国时期的社会变化》一课,教师介绍都江堰这一水利工程时,可以节选播放央视出品的都江堰纪录片——《人类的记忆——中国的世界遗产》之《青城山—都江堰》,让学生感受都江堰的伟大之处在于其精巧而科学的设计、对农业生产的巨大贡献、体现了古代中国人民的智慧和勤劳以及对成都平原乃至整个中国古代文明的深远影响。在学习《五四运动》一课时,可以播放《觉醒年代》中学生高喊口号、游行示威的视频,青年们在得知巴黎和会上中国外交失败的消息后,群情激愤,奔走街头,学生能从中感受到当时青年身上捍卫民族尊严、追求救国救民道路的爱国主义精神。

历史教师要注意挖掘教材中蕴含的人文因素,充分利用和发挥学科的人文教育功能,关注国际时事,培养学生的国际视野。如在《安史之乱与唐朝衰亡》一课中,教师可以在本课教学中渗透"远离战争"的忧患意识。笔者在教学本课时,恰逢美、英、法联合进攻叙利亚,战火重燃,平民受难,生灵涂炭。在本课的教学中,自然地引导学生对"要想避免战争,就要准备战争""中国建设军事强国""实现民族复兴中国梦"等进行思考,这既能适当培养学生的国际视野,又有一定的现实意义,可以说是培养学生家国情怀素养的一个较好补充途径。

二、利用问题引导创建历史情境

上海市特级教师李惠军老师在讲座《例谈历史课的创意与呈现》中,提出了设计《中国工农红军长征》一课的思路,发人深思。课堂宏观上设计了"被动挨打:丧师失地""悲情告别:十送红军""生死攸关:绝境求生""力挽狂澜:绝境逢生"几个环节。在学生学习过程中,教师补充色彩丰富的油画、震撼人心的故事,让学生仿佛置身于跌宕起伏的战火之中。课堂的最后,教师设置了"无问西东,向死而生"环节,借用村民、船工、山民、放羊娃等小人物的表现引导学生审视"回望长征路,不是重复过去,而是面对今天"这一话题。教师提问:"是什么支撑着这些年轻的士兵浴血奋战走过漫漫长路?今天追随红军长征足迹回看这段历史的现实意义何在?"学生很容易受到革命时期群众身上朴素爱国主义情感的感染,亦能学习到革命者乐观、艰苦奋斗的精神。这种更有人性、更震撼人心的情境创设,对学生的积极影响会伴随他们终生。

以《安史之乱与唐朝衰亡》一课为例,学生在梳理了本课的主要史实,并了解唐朝走向衰亡的原因后,教师可以引入问题"从唐朝的兴盛到衰亡中你能得到哪些启示"及"战争对国家发展的影响"的讨论活动,引导学生思考当今国家在进行社会主义现代化建设时应注意的问题。学生得出"国家发展要有忧患意识""要走和平发展之路""发展要注重选拔人才"等结论,教师在此基础上给予一定引导与评价,促进学生的自主学习、合作学习和探究学习,在提高他们创新意识和实践能力的同时关注现实问题,以服务于国家强盛、民族自强和人类社会的进步为使命。

在学习《百家争鸣》一课时,我们可以提问:"古代儒家思想强调'修身齐家治国平天下',现代社会倡导社会主义核心价值观。两者之间有哪些内在联系？在现代社会中，我们如何传承和发扬'修身齐家治国平天下'这种积极的价值观？"引导学生认识到传统价值观与现代价值观的相通之处，如都强调个人对社会、国家的责任，从而促进学生传承优秀传统文化价值观，践行社会主义核心价值观，培养家国情怀。

三、通过学生活动体验历史情境

在2021年长沙市望城区的新入职培训展示课《古代两河流域》中，教师将自己设置成一名导游，借助这一身份带领作为游客的学生领略两河流域风光。课堂中，学生借助教师提供的图片、视频、文字材料身临其境，沉醉于两河流域的文明成就，开阔了视野。学生作为游客，在游览过程中还向导游提出了许多有价值的问题。在课堂的最后，教师展示了一些游客破坏文物古迹的行为，学生从历史中回应现实。学生在了解古代世界灿烂辉煌文明的基础上，对文物遗迹的保护也有了更多认识，也理解了尊重和保护世界文明的重要性。这种方式的情境创设，培养了学生开阔的国际视野。学生身临其境地感受历史，增强了他们对历史事件的理解和记忆，同时培养了他们的思维能力和表达能力。

在学习《中华民族的抗日战争》这一单元时，教师可以选取多样化的形式创设历史情境。例如，在学习"西安事变"这一内容时，可以采用课本剧的形式。学生自己撰写剧本，自己扮演这一时期重要的历史人物。在扮演中，学生真切地感受到张学良、杨虎城、周恩来等人在民族危亡的关头为抗日民族统一战线的建立以及抗日战争中取得最后胜利作出的重大贡献，学习他们身上的民族大义和爱国主义精神。在学习《抗日战争的胜利》这一课时，教师也可以选取一些与抗日战争相关的文学艺术作品让学生进行演绎，如在课上分任务让学生朗诵、表演《黄河颂》中的片段，也可以合唱《黄河大合唱》，学生可以更加深入地理解文艺作品中的情感和历史背景，在朗诵和表演中感受历史的厚重和悲壮，增强他们的爱国情感和民族意识，引导学生在潜移默化中感悟家国情怀，树立为家乡、国家和世界发展贡献力量的远大理想和责任担当。

教师还可以引导学生选择中国古代历史中的某个时期或事件，创作历史剧并进行表演。比如以戊戌变法为背景，学生通过编写剧本、表演剧中角色，深入了解维新派人士为了挽救民族危亡而进行的改革努力。在这个过程中，学生能够深刻感受到历史人物的爱国情怀，同时也能锻炼自己的团队协作能力和对历史事件的理解能力，进一步激发和提升家国情怀。

第三节　跨学科主题教学

《义务教育历史课程标准》(2022年版)建议：为进一步发展学生核心素养，促进学生历史学习方式的转变，加强学生运用多学科知识与技能进行综合探究的能力，历史课程设计了跨学科主题学习活动，引导学生围绕某一研究主题，将所学历史课程与其他课程的知识、技能、方法以及课题研究等结合起来，开展深入探究、解决问题的综合实践活动。

教师在实际授课过程中应注意：跨学科主题学习活动各个主题涉及的内容，都应来自中国历史和世界历史六个板块，从特定的问题意识出发，将分散在不同地方的知识整合在一起，有助于学生形成既在时段上纵通又在领域上横通的通史意识；同时借助不同课程所学的知识和方法，培养学生多角度分析问题和解决问题的能力。具体到家国情怀素养能力的培养上，我们还应做到：有理有据、不牵强、不刻意，循序渐进地起到潜移默化的作用。

一、与人文学科的融合

在漫长的社会历史发展过程中逐步形成的以爱国主义为核心的民族精神，是中华民族赖以生存和发展的精神纽带。"弘扬民族精神"是历史和思政学科在家国情怀培养过程中的重要表现。

在部编版的初中历史教材中，介绍了大量的英雄人物，如岳飞抗金、戚继光抗倭、以身殉国的邓世昌、为抗日血洒疆场的左权等。他们无一不是在国家危难关头挺身而出、舍生忘死。这为道德与法治的《凝聚价值追求》一课中所要贯彻的自强不息的爱国主义精神提供了具体而生动的范例。

改革开放以来，在长期探索和实践的基础上，中国成功推进和拓展了突破西方资本主义文明局限的中国式现代化。因此，"改革开放"这一议题对于历史和思政学科都是重要课题。历史学科着眼于改革开放的伟大决策，开启了中国特色社会主义道路的探索，从家庭联产承包责任制、城市经济体制改革、社会主义市场经济体制的建立与实践，到中国特色社会主义理论的形成。思政学科则更侧重于改革开放促成经济腾飞的中国以及改革开放在新的历史时期还将继续进行和深化。历史教师在帮助学生深入了解改革开放的基础上，融合思政内容，引导学生坚持中国共产党的领导，坚持走中国特色社会主义道路，这与思政课培养学生政治认同素养的目标是不谋而合的。

时事政治与历史教学的融合是一种有益的尝试和探索，我们可以让学生更好地理解历史与现实的关系，培养他们的社会责任感和历史使命感。教师应关注当前社会上引起广泛讨论和影响较大的时事政治议题，如国际关系、国家政策、社会现象等。例如，在学习"万隆会议"时，可以引入"中国累计向全球170多个国家和国际组织提供援助，为国际减贫事业和各国共同发展作出巨大贡献"等时事内容，帮助学生了解中国正确的义利观，以及作为发展中大国的胸怀与担当，为构建人类命运共同体、推动全球治理贡献中国力量。

部编版八年级下册语文教材收录了马丁·路德·金的演讲《我有一个梦想》。这篇演讲揭示了黑人不公的命运，也号召黑人为自由、平等而战。而黑人厄运的开始——黑奴贸易及黑人命运的转变——美国内战，均是初中部编版世界历史教材中的重要内容。在学习《美国内战》的历史课堂上，教师可以节选文章的一部分内容：一百年前，一位伟大的美国人签署了《解放黑奴宣言》，这一庄严宣言犹如灯塔的光芒，给千百万在那摧残生命的不义之火中受煎熬的黑奴带来了希望。它的到来犹如黎明的曙光，结束了束缚黑人的漫长之夜。学生通过再次阅读，结合黑人被奴役和争取平等自由的历史，更加深刻地了解人类为追求自由平等所经历的坎坷，也感悟人类社会从专制走向民主的必然趋势。

部编版九年级下册语文教材收入了林觉民的《与妻书》，这篇文章是矢志拯救国家民族的革命者林觉民写给妻子的一封信。作者在尽情倾诉夫妻之间至爱的同时，畅叙了儿女情必须服从革命事业的至理，将一己之爱扩展到普天下人之爱，表达了牺牲个人幸福为天下人谋永福的崇高情怀，情理浑然交融，深情大义与英雄壮怀同辉，给这封信带来了政论的色彩和战斗的品格，堪为志士增色，弱者壮胆，义无反顾地为祖国献身。学生在学习该篇目时，已经具备了中国近代资产阶级民主革命的学习基础。在语文老师的文学创作背景介绍中，他们回顾历史，对林觉民等革命志士不屈不挠的精神和视死如归的英雄气概有了更加具象化的认识，这对培养学生的社会责任感和爱国主义情怀起着重要的作用。

二、与艺术学科的融合

文物是人类在社会活动中遗留下来的具有历史、艺术、科学价值的遗物和遗迹。部编版的初中历史教材中收录了大量的文物图片，它们不仅是宝贵的文化遗产，也极具历史审美价值和历史研究价值。

半坡出土的人面鱼纹彩陶盆是仰韶彩陶工艺的代表作之一，所绘制的元素呈现出半坡人兼营采集和渔猎，反映了渔猎生活在原始社会中的重要地位。东汉彩绘陶击鼓说唱俑是一件汉代陶瓷制作艺术和说唱艺术的雕塑作品，反映了当时人们的世俗生活。南朝青瓷莲花尊器身上下遍布纹饰，佛像和莲花的纹饰具有浓郁的佛教色彩，反映了南朝时期佛教的盛行。唐三彩骑驼乐舞俑则呈现出浓郁的异域风情，反映了盛唐时期中外文化的交流与融合。明代青花扁壶仿照西亚地区壶式烧造而成，一方面呈现出了较高的工艺水平，另一方面也反映了这一时期与外域、外族的文化交流与融合。不同历史时期出土的陶器与瓷器，各具艺术特色，并且真实反映了当时陶瓷业的发展和社会发展状况。通过观察不同历史时期的陶瓷器，学生也能从中梳理出中国古代陶瓷文化发展的历史进程，坚定文化自信，传承中华民族优秀文化。

书法不仅是文字的艺术，更是中华民族精神的体现。历代先贤将优秀的民族文化思想融入书法，使其成为传承民族精神的重要载体。东汉以后，书法成为专门供人们欣赏的艺术，七年级的历史教材中收录了钟繇的楷书《宣示表》，飘若浮云、矫若惊龙的王羲之代表作《兰亭集序》，苍劲雄厚、粗犷雄浑的魏碑《比丘道匠造像题记》等内容。教师在授课过程中，引导学生欣赏书法独特的线条、结构、布局以及所传达的气息、神韵、意境，可以培养学生对美的感知能力和鉴赏能力，提升个人的审美素养，这也是弘扬中华优秀传统文化、提升文化自信的一个重要途径。

三、与自然科学的融合

在学习过程中，一些自然学科元素的运用也会让学生有意想不到的收获。

初中历史与化学的融合有助于培养学生的跨学科思维、综合分析和解决问题的能力以及科学态度与科学精神。2023年长沙市一中金山桥学校举办了以"博古览今——探寻历史中的化学工艺"为主题的学生活动。活动中，学生搜集古代典籍中关于造纸、化妆、食品、印染等方面的记载，选取其中一项内容，探寻其中的化学工艺。参与的学生通过拍摄视频讲解，或绘制海报呈现，或复刻实物（炒制茶叶、自酿甜酒、制甘蔗纸等）等方式展示研究成果。活动促进了学生形成基本的化学观念，培养其解决实际问题的能力、创新意识和科学实践能力，同时增进了学生对古代典籍和古代手工业的了解，从多维度认识并传承中华民族优秀的传统文化。

教师可以组织跨学科的小组活动，让学生制作简易纸张。在这个过程中，科学老师指导造纸的原理和技术操作，如纤维的分解与重组等；历史老师则讲述造纸术的历史演变以及不同时期造纸技术的特点。通过这样的活动，学生既能亲身体验科学技术的魅力，又能深入了解其背后的历史文化价值，从而增强对祖国古代科技成就的热爱。

在历史课上详细讲述中华人民共和国成立后面临的国际形势，如西方国家的核威胁，以及中国科学家们如何在艰苦的条件下，怀着对祖国的热爱和对民族振兴的使命感，投身于核武器研发事业。他们克服重重困难，隐姓埋名，最终成功研制出原子弹和氢弹，使中国在国际舞台上拥有了重要的话语权。这种融合教学让学生深刻认识到科学家们的爱国情怀和他们为国家强大所做出的巨大牺牲，从而激发学生的家国情怀。

第四节　发掘乡土资源

乡土知识具有浓厚的地域特色，对于学生来说，这些红色踪迹、感人肺腑的故事和生动的历史人物存在于学生的实际生活中，学生在学习乡土文化的过程中感受家乡的美好，感受祖国的强盛，更容易产生情感共鸣。

湖南省是乡土资源最丰富的地区之一。在华夏五千年中，湖南儿女承前启后，开拓进取，形成了独具特色的湖湘文化，孕育了独树一帜的湖湘精神。因此，发掘湖南的乡土资源，也是培养学生家国情怀素养的重要途径，具体可以从以下几个主题入手。

一、重视爱国主义基地

新课改以来，教育部鼓励各个学科教学中合理利用乡土资源开展研学活动。历史类主题研学活动以活动、探究等形式出现，以感悟"家国情怀"为主旨。这种新颖、灵活、生动、有趣的社会研学活动，既可以弥补历史课堂教学的局限，更可以让学生亲身参与历史和体验历史，培养动手能力。教师指导学生开展主题研学活动时，应选好实践活动的主题，内容要尽量贴近学生的生活。在具体的实践中，教师可以充分利用社会上的各种资源，整合集中，以寻求研学活动在形式上新颖，在内容上丰富，在思想上有深度。

岳麓山，山上埋葬着许多辛亥革命时期舍生赴死的湖南革命烈士，例如全国重点文物保护单位——黄兴墓、蔡锷墓等,有"一座岳麓山,半部近代史"的说法。

湖南雷锋纪念馆,基本陈列"学习雷锋好榜样"分为"平凡的人生""伟大的精神""永远的榜样"三个部分,客观真实地展示了雷锋同志平凡而伟大的一生,突出了雷锋同志的成长历程及雷锋精神在雷锋家乡的起源和传承,展示了以雷锋的先进思想、高尚品德和崇高追求为基本内涵的一种伟大精神。

新民学会旧址,记录着1918年毛泽东、蔡和森等一批进步青年,在中国新旧时代交替、社会激烈碰撞之际成立新民学会的历史。他们怀着一腔热血,无所畏惧地上下求索,探寻救国救民的真理,对中国共产党的创建作出了重要贡献。

湖南省立第一师范学校旧址,集东方文化内涵与西方建筑风格于一体,保存有毛泽东青年时期求学、工作和从事革命活动的纪念地14处,具有重要的文物价值、历史价值和教育价值,是全国爱国主义教育示范基地。

杨开慧纪念馆,自1966年建馆以来,如同一部厚重的史书,静静地诉说着杨开慧烈士的英勇事迹。纪念馆还精心打造了一系列课程,这些课程如同一颗颗种子,在人们的心中生根发芽,传承着红色基因,弘扬着革命精神。

秋收起义文家市会师纪念馆,1927年9月19日,毛泽东率领秋收起义部队会师文家市,在会师旧址——里仁学校决定放弃攻打长沙,向敌人统治薄弱的农村进军,由此开辟了农村包围城市的正确道路。

还有刘少奇同志纪念馆,等等。

湖南是伟人故里、将帅之乡、革命圣地、红色摇篮,孕育了一大批革命伟人、开国将帅、英雄人物,留下了许多感人肺腑、激荡人心的故事。

湖南的爱国主义教育基地、革命历史文物等红色资源总量居全国前列，丰富厚重的湖湘红色文化是立德树人、铸魂育人的宝贵"矿产"。

长沙的许多学校充分运用湖湘红色文化的资源优势，把"家门口"的红色资源转化为鲜活教材。长沙市长郡双语中学历史组以培养核心素养为目的，开展了以"千年岳麓　不朽湘魂——身边的近代史"为主题的研学活动。学生通过参与、策划主题，拍摄微课、小视频，写研究报告等方式，为核心素养的培养打开了一条全新的道路。长沙县五美中学以"探寻历史名人——徐特立"为主题的"探寻近代史遗迹"研学活动，通过对历史人物的研究学习，走访与交谈，拍摄微视频等方式，渗透对"家国情怀"素养的培养。长沙的长郡月亮岛学校组织了"探访伟人故里，传承红色文化"的春季研学活动，学生在毛泽东故居与历史对话，感受伟人的精神力量。长沙县的百熙实验学校以"红色开慧，绽放成长"为主题，组织学生前往杨开慧的烈士墓、纪念馆和故居，了解革命先烈的英勇事迹。纪念馆内学生开展"寻找故事碎片"活动，通过拼凑故事碎片更加深入地了解革命精神。

组织学生前往研学，学生在红色旅游景点中踏上革命先辈走过的路，真实地触摸他们用过的东西，倾听他们背后的故事，感悟革命年代他们舍小家为大家，甘愿牺牲自我也要为祖国拼出一条血路的家国情怀，这对学生形成正确的三观、树立拥护中国共产党领导的信念，具有非常重要的意义。

二、依托湖南历史人物

乡土历史人物带有本地区独有的地域特色，本身自带乡情，具有情感性。将其运用到历史教学之中，相比于其他历史人物而言，乡土历史人物的学习对于学生来说更具吸引力，使得历史与现实相联系，提高了学生学习的兴趣，增强了学生对故乡历史文化的认同感。湖南历史上名人素材的运用，在丰富学生历史学习体验的同时，培养了学生对家乡的热爱，塑造和健全了学生的世界观、人生观和价值观，进而激发其爱国情怀。

春秋战国时期，楚人屈原于湖南汨罗投江，"亦余心之所善兮，虽九死其犹未悔"展示了其大义凛然、不妥协的精神。

北宋时期，范仲淹面对国家内忧外患，在洞庭湖畔留下"先天下之忧而忧，后天下之乐而乐"的豪言壮语，印证了湖南人忧国忧民的爱国主义精神。

晚清老将左宗棠抬着棺材进入新疆，率军击退阿古柏并成功收复新疆，展现了他坚定维护国家主权和尊严的信念。

"师夷长技以制夷"的邵阳隆回人魏源，编订巨著《海国图志》，是近代开眼看世界的杰出中国人。

13岁的任弼时看到中国遭受列强侵略时，便发出了"呜呼！我辈对之当如烈火之烧心，众镝之丛体，芒刺之负背，若能时存卧薪尝胆之念，励精图治，何患收回割让之地不能乎"的慨叹。

少年毛泽东读过《盛世危言》后深有感触地说："读了这些史实，觉得祖国的将来，非常可忧，我开始认为努力救国是每个人的天职。"而后他领导中国人民开创了中国人民当家作主的新时代，并走上社会主义道路。

抗美援朝战争中营救朝鲜落水少年的新化烈士罗盛教，展现了怀抱公平正义、不存私心对待他国人民的国际主义精神。

……

湖南自古享有"惟楚有材，于斯为盛"之誉，湖湘精神培育和造就了众多伟人、名家。课堂中，教师引导学生关注本土名人所处的时空，他们为家乡和国家作出的突出贡献，从他们身上学习不同的精神品质。教师也可以根据学生现有知识水平，开展相应的历史课外活动以弥补课堂的不足，进一步丰富乡土人物的形象。

湖南历史人物让学生真正与历史人物共情，感受人物的内在，丰富自身情感体验，更深刻理解历史现象，加深对历史事件的思考，启发学生历史思维，增强学生的创新意识与能力。

三、发扬本土传统文化

湖南本土文化繁荣昌盛。马王堆汉墓出土的文物（如精美绝伦的丝织品、千年不腐的女尸、内容丰富的帛书等），展现了西汉时期湖南地区高度发达的物质文明和精神文明。这些文物反映出当时的科技水平、艺术审美和生活方式，是湖南古代文化辉煌的见证。

"戏曲进校园　经典共传承"2024年长沙市戏曲进校园活动让长沙市的学生通过不同形式感受到了传统文化的魅力。为响应此号召，学校可以发动历史社团组织相应的活动，让社团成员体验不一样的传统文化课。可以邀请花鼓戏演员向学生传授戏曲身段和唱腔知识，让孩子们化身"小戏骨"进行互动体验。还可以设置沉浸式戏曲游艺体验区，让学生穿上戏曲服装，戴上戏曲道具，化上戏曲妆容，进行"唱、念、做、打"表演。还可以设置非遗文化专区，开展画脸谱、画扇、剪纸等活动。此外，学校还可以组织学生在校内活动结束后，前往长沙市湘剧保护传承中心参观，深入体会湘剧的魅力。学生能够近距离接触和了解中华优秀传统文化，这种文化的传承与弘扬有助于培养学生的文化自信，增强他们对国家文化的认同感和自豪感。

开展课外实践活动，组织学生参观马王堆汉墓博物馆、岳麓书院等文化古迹，让学生亲身感受本土文化的魅力。同时，可以开展民俗文化调研、民间艺术学习等活动，如学习湘绣、制作滩头年画等，增强学生对本土文化的体验和认知。了解和传承本土文化，能够让湖南人更加深刻地认识自己的家乡，了解家乡的风土人情、历史变迁和文化底蕴，从而增强对家乡的地域认同感。

第五节　创新设计作业

家国情怀体现了历史学习的价值追求，是其他素养得以达成的情感基础和理想目标。历史学科中的家国情怀教育也是德育的重要手段。因此，教师要明确家国情怀的内涵，深挖教材和乡土文化中的教育元素，巧思妙想设置恰当的情境，借助多元化的作业手段激发学生的家国情怀，培养学生形成正确的世界观、人生观和价值观，引导学生热爱家乡、热爱祖国，放眼世界。教师不应该只用习题的方式来帮助学生巩固所学，也不应该将作业局限于书面作业。创新型作业更能用"润物细无声"的方式，让学生在作业中落实历史学科家国情怀的培养。

一、设计查找与搜集类作业

查找与搜集类作业要求学生主动寻找、筛选和整理信息，这一过程锻炼了学生的自主学习能力。学生需要阅读大量的资料，了解不同的观点和见解。这有助于拓宽学生的知识视野，增加他们的知识储备，使他们能够更全面地认识世界。

在学习《钢铁长城》一课前，教师可以布置搜集"中国最新的武器装备"的前置作业。学生在搜集资料的过程中了解我国在国防科技方面取得的成果。课堂上，学生将自己搜集的资料和感想与其他同学分享。例如，一位同学搜集了我国拥有的三艘航空母舰——"辽宁舰""山东舰""福建舰",介绍了三艘航空母舰的建造过程以及性能特点,并与同学探讨了自己对该成果的感想。在搜集和分享的过程中,学生感悟到军事强大对于一个国家的重要意义,也充分认识到了祖国的强盛。这培养了学生的民族自信心,增强了学生的民族自豪感。

学习近代历史时,对革命英雄故事的搜集也不失为一条培养家国情怀的重要途径。故事看似无形,关键时候就会显现出强大力量,它以一种更加生动、更加吸引人心的方式将爱国情怀扎根在学生的心中。《中国工农红军长征》一课的学习过程中,会运用大量的革命人物故事来印证长征精神的产生。教师课前布置学生搜集长征过程中的感人故事,学生在分享故事的过程中学习这些革命人物身上优秀的品质与伟大的精神。例如,一位同学分享了《丰碑》的故事,长征过雪山途中,被冻死的军需处长崇高的思想境界感染了教室里的每一位同学。在英雄人物的激荡人生中,学生在直观感受下,融入了自己的情感,提升了自身的家国情怀素养。

二、设计分享与交流类作业

学生的分享与交流对历史教学具有多方面的积极作用,不仅能够提升学生的参与度和兴趣、培养批判性思维和独立思考能力、拓宽学生视野和知识面,还能够促进师生关系的和谐。

在学习《抗美援朝》一课后,教师可以布置学生观看电影《长津湖》,并组织一场电影观后分享交流会,让学生带着史实去艺术作品中感受中国人民志愿军保家卫国时坚强不屈的精神,在交流中孕育更多的爱祖国爱人民的情感。在分享交流中,有学生分享了这样一段观后感:影片以抗美援朝战争中的长津湖战役为背景,展现了志愿军战士们在极端恶劣的环境下，凭借坚定的信念和无畏的勇气，与装备精良的美军进行殊死搏斗的壮烈场景。战士们穿着单薄的棉衣，在零下三四十摄氏度的严寒中坚守阵地，与敌人展开激战。他们忍受着饥饿和寒冷，甚至不惜牺牲自己的生命，只为保卫国家和人民的安宁。这种不畏牺牲、勇往直前的精神，让我深感敬佩。

在学习《三大改造》这一课时，师生可以利用身边的资源邀请历史的亲历者参加分享会，邀请不同背景、不同领域的人士分享他们的历史知识和经验，从而为学生提供更加丰富的学习资源。例如，一位同学的爷爷分享了他曾经所在的长湘轮船公司实现公私合营的经历。1954年，中共湖南省委、省政府批准民众、复华、湘津、长湘4个轮船公司合并组成公私合营湖南轮船运输股份有限公司。1955年9月，其他轮船公司和修船厂也全部加入公私合营的湘江轮船运输公司，轮船运输业成为湖南最早实行全行业公私合营的行业，民营经济的发展始终和党的政策同向、和国家命运相连。学生感悟到民营经济人士必须团结一心，树立家国情怀，以产业报国、实业强国为己任，为实现民族复兴凝心聚力。

分享与交流类作业鼓励学生分享自己与家乡的故事，交流参观游览的心得体会。在这个过程中，学生能够深入挖掘自身与祖国的情感联系，将抽象的家国情怀转化为具体的情感体验，从而更加深刻地理解家国情怀的内涵。

三、设计制作与作品类作业

学生可以制作关于历史事件、历史人物或历史时期的小报或海报，通过图文结合的方式展示学习成果。这种作业形式能够培养学生的信息整合能力和视觉设计能力。教师选用恰当的主题，对培养学生家国情怀素养是一个重要的助力。

在学习中国古代的重要科技成就——四大发明后，教师可以布置以"宣传和保护文化遗产"为主题绘制海报的课后任务，让学生搜集中国优秀的物质和非物质文化遗产，在此基础上，选取他们最感兴趣的文化遗产进行独具特色的表达。在完成海报的准备阶段和绘制阶段后，学生认识到我国各族人民在生活实践中创造的文化遗产是中华民族智慧与文明的结晶，这对学生传承和发扬优秀的传统文化从而坚定文化自信起到了重要的作用。

学习《五四运动》后，可以给学生布置以这一运动为主题，绘制历史小报的作业，要求在小报中体现时代特色，突出五四运动的爱国主义色彩。学生根据对五四运动的了解，将当时引发运动爆发的巴黎和会以及会上据理力争的中国人、运动中的先进学生游行示威的场景、学生提出的振聋发聩的口号等元素融入小报中，学生在绘制中再度感悟五四运动是中国人民为拯救民族危亡、捍卫民族尊严、凝聚民族力量掀起的一场伟大的爱国革命运动。

除此之外，编制文物小档案、制作影响人物相册、举办近代革命歌曲演唱会、组织有关民族精神的演讲比赛、采访身边的老人并形成口述报告等亦可成为新颖的课后作业形式。创新设计作业以学生喜闻乐见的形式和极具个性化的表达，跨越历史的时空，在提高学生实践能力的同时厚植家国情怀。

第六节 拓展教育实践

历史教育实践活动对家国情怀的培养具有重要意义，不同类别的教育实践活动在培养家国情怀素养过程中起着不同程度的作用。通过组织社团活动、参观历史遗址和历史博物馆、庆祝传统节日等实践活动，学生能够直观地感受到历史的厚重与辉煌，从而加深对国家历史文化的认同感和归属感。这种亲身体验比单纯的课堂教学更能触动学生的心灵，让他们在历史的长河中找到自己的位置。

一、实地考察与志愿服务

组织实地考察活动与志愿服务活动在爱国主义教育中扮演着至关重要的角色。这些活动不仅为学生和社会成员提供了将爱国情感转化为实际行动的平台，还深刻影响着他们的价值观、社会责任感以及国家认同感。学校中的爱国主义教育往往侧重于理论知识的传授，而实地考察与志愿服务则为学生提供了将理论知识应用于实践的机会。通过参与具体活动，学生可以更深刻地理解爱国主义的内涵，学会如何将个人理想融入国家发展大局之中。

（一）考察革命基地

革命基地是历史的见证，承载着革命先烈们的英勇事迹和光辉历史。

革命基地的实物、图片、文字等史料，生动再现了革命先烈的英勇事迹和崇高精神。

实地考察可以选择组织学生前往革命老区、红色旅游景点等地进行实地考察和调研，了解当地的历史文化和风土人情并完成考察报告。在考察过程中，学生会深刻感受到国家的发展历程和取得的伟大成就，从而更加珍惜现在的和平生活，更加热爱自己的祖国。学生也可以从中汲取革命先辈身上的精神力量，树立正确的价值取向。组织学生调查某一地区的"前世""今生"也是另一种考察的方式，通过调研某一地区的发展历程，凸显在不同的历史时期党和国家为人民生活水平的提高作出的重要贡献，从而增强学生的家国认同。

（二）参与志愿服务

学生参与社会公益、志愿服务，亲身体验到社会责任的重要性，能从中学会关心他人、服务社会，从而树立起强烈的社会责任感。

学校通过举办"书香传递，爱心助学"活动，收集社会上的闲置图书，为偏远地区和贫困家庭的孩子送去知识的种子。在这类活动中，学生会关注到社会教育资源不均的问题，学会关爱弱小，并用自己力所能及的力量回馈社会。

一些学校组织"绿色校园，你我共守"环保行动，包括制作并展示垃圾分类、节能减排、水资源保护等环保知识的展板，分组捡拾垃圾、清理杂草、擦拭公共设施，邀请学生提交手工艺品、海报设计、短视频等环保创意作品。通过活动激发学生的环保意识，促进校园环境的改善，同时培养学生的社会责任感和团队协作能力，为保护地球生态贡献他们的力量。

学生在实地考察和志愿服务中可以了解到中华民族在漫长的历史长河中形成的独特精神风貌和文化传统。这种民族精神的传承与弘扬能够增强学生的民族自豪感和自信心，让他们更加坚定地维护国家的利益和尊严。

二、研学活动

历史研学活动是一种以历史学科知识为基础，将课堂学习延伸到课外，通过实地考察、调研、参观等方式，让学生深入探究历史现象、事件和人物的学习活动。它旨在让学生在亲身体验中获取历史知识，培养历史思维能力和学科核心素养。

（一）确定研学主题

研学主题的确定应围绕家国情怀培养的目标，依据初中历史教材内容，挖掘与本地历史文化的契合点。例如，"探寻家乡红色基因""革命道路上的家乡印记"等主题，既能激发学生的兴趣，又能体现家国情怀教育的内涵。

（二）规划研学路线

根据主题设计合理的研学路线，确保涵盖多个有代表性的历史文化景点或研究地点。在路线中应包含多种类型的历史文化地点，如博物馆、古迹遗址、名人故居等。以"感受家乡近代社会变革"为主题的研学活动，可将本地的近代工业遗址和革命纪念馆、反映近代社会生活的民俗博物馆等纳入研学路线。不同类型的地点从不同角度展示了近代社会的各个方面，博物馆中的文物和资料能提供丰富的史实依据，古迹遗址能让学生直观感受当时的社会风貌，名人故居则能让学生深入了解推动社会变革的关键人物，这种整合有助于学生全面、立体地认识历史时期的复杂性和多元性，深化对家乡近代发展历程的理解，激发他们对家乡在国家近代化进程中所起作用的思考。

（三）多元的研学方法

在研学过程中，引导学生避免走马观花式地参观，而是深入观察历史遗迹的细节。例如，在参观古代建筑时，让学生观察建筑的结构、材料、装饰图案等，思考这些元素背后所反映的当时的建筑技术水平、社会等级制度以及文化审美观念。

要求学生在研学时做好详细的记录，包括文字记录、绘图等。对于考察过程中的疑问要及时标记，以便后续通过文献研究或其他方式解答。例如，在考察一处古城墙遗址时，学生发现城墙的建筑风格存在特殊之处，就可以记录下来，然后通过查阅相关的历史文献、考古报告等资料来寻找答案。

（四）研学成果展示

学生可以通过撰写研学报告、制作手抄报、举办展览、进行演讲等多种形式展示自己的研学成果。学生可以分享自己在研学过程中的发现、感悟以及遇到的问题和解决方法。这不仅有助于学生总结和深化研学收获，还能锻炼他们的表达能力并提升历史学科核心素养。

历史研学活动以其独特的内涵、特点和教育价值，在培养学生家国情怀素养方面发挥着不可替代的作用。通过精心设计和有效开展历史研学活动，能够让学生在亲身体验和探究历史的过程中，增进对历史文化的理解，强化民族认同感，激发社会责任感，从而将家国情怀素养内化为自身的品质，成为有担当、有情怀的现代公民。

第四章
聚焦素养的政史融合教学

政史融合教学在培养学生素养中扮演着至关重要的角色，它不仅有助于深化学生对历史与现实政治的理解，还能全面提升学生的综合素质与能力。历史和政治都是与人类命运息息相关的学科。政史融合教学通过讲述历史人物、历史事件以及政治决策对社会的影响等内容，激发学生的同情心、同理心和责任感。这种教学方式有助于培养学生的人文关怀精神和社会责任感，使他们更加关注社会公平正义和人类福祉。

第一节　将历史融入政治课堂的教学

在当前教育大环境中，培育学生的家国情怀素养已然成为学科教育的关键任务。初中政治课堂作为塑造学生世界观与价值观的核心领域，肩负着培养学生家国情怀的重大责任。而历史作为人类发展历程的忠实记录，蕴藏着丰富且极具价值的家国情怀素材。将历史有机融入初中政治课堂，对于培育学生家国情怀、提升学生综合素养具有深远意义。

一、历史融入政治课堂的重要性

教育改革持续推进的背景下，学科融合能更好地落实核心素养培养目标，加强学科间的交流与合作，帮助学生提升家国情怀，构建更加完善的知识体系，进一步培养学生创新能力和综合思维能力，以更好地适应现代社会发展的需要。跨学科主题教学是提高学科教学水平的重要方式，通过历史与政治等人文社会学科的共同发力，寻找学科之间的重合部分，充分调动学生各方面的知识和经验。

（一）提升家国情怀的重要途径

1. 实现中华民族的伟大复兴

古人云"修身、齐家、治国、平天下"，与现代中国公民素养的要求具有高度的一致性，爱国、爱民、爱党向来与个人的价值追求紧密融合，唯有秉持家国一体的信念，才能让学生真正内化家国情怀与民族精神，并将之转变为自身不断奋勇向上的动力，为实现崇高志向而奋力向前。

2. 实现立德树人的教育目标

初中是学生观念的奠基阶段，思政教师应当结合初中生身心发展规律，抓住时机为学生创设家国情怀教育的多种历史情境，引导学生在学习中感悟，在感悟中提升道德情操与品德修养，帮助学生先成人、再成才，成长为具有远大理想的优秀人才，实现素质教育对初中教育"立德树人"的基本要求。

（二）构建完整知识体系的需求

历史史实与政治理论可以实现相互印证与补充。历史学科记录了人类社会发展的进程，政治学科则研究社会权力、制度政策和治理方法等。将两者融合教学，可以使学生看到历史事件背后的政治因素，同时也能通过历史的发展来理解政治理念的演变。单独的政治或历史教学可能会让学生的知识体系存在片面性，而两者融合教学有助于学生建立一个更加全面、系统的认知框架，使他们能够从不同角度看待问题。

（三）培养学生人文素养的需要

政史融合教学可进一步提升学生的思维能力。融合教学可以培养学生的综合思维能力，包括分析、比较、归纳、演绎等能力。学生在学习过程中需要将历史事件和政治理论进行综合分析，从而提高逻辑思维和批判性思维能力。政史融合教学可进一步增强学生的人文素养。历史和政治学科都蕴含着丰富的人文精神和价值观念。政史融合教学可以让学生更好地理解人类文明的发展、不同文化的价值以及社会公正、民主、自由等理念，从而增强他们的人文素养。

（四）适应现实社会发展的需求

现代社会需要具有良好公民意识的公民。政史融合教学可以帮助学生了解国家的政治制度、法律法规以及自己的权利和义务，培养他们的公民意识和社会责任感。当今社会面临诸多复杂的问题（如环境污染、贫富差距、国际冲突等），政史学科融合教学能帮助学生应对复杂的社会问题，让学生从历史和政治的角度分析这些问题产生的根源和解决方法，培养他们解决问题的能力和社会适应能力。

二、历史融入政治课堂的实施策略

（一）融入历史情境

情境教学作为新课标素养教学的关键方式之一，在政治课堂中发挥着举足轻重的作用。精心创设历史情境，能够引领学生穿越至特定的历史阶段，全身心感受那独特的历史环境以及古人深沉的家国情怀。

比如，在讲解中华民族精神的含义及表现时，教师巧妙运用多媒体软件，展示古代岳飞精忠报国的历史图片和影像资料。通过这些生动的画面，全力营造出广大民众和岳家军奋勇抗金、舍家为国的浓厚历史氛围。在这样的氛围中，学生能够深切领悟到在国家生死存亡之际，广大民众所迸发出的炽热无比的爱国热情和顽强不屈的坚韧精神。

学校政史组不仅致力于常规的课堂教学，还积极组织学生开展一系列精彩纷呈的活动。历史剧表演中，学生们身着古装，惟妙惟肖地演绎着历史故事，仿佛让历史在舞台上重新活了过来；激情澎湃的主题演讲，学生们以饱满的热情讲述着历史中的英雄事迹，抒发着自己对家国的热爱之情；历史访谈则让学生有机会与历史人物"对话"，深入了解他们的思想和情感。此外，学校还组织了专门以培养家国情怀素养为主题的观影社团，在七年级开设了家国情怀的特色课程。学生们围绕课堂教学主题，从一部部爱国主题影片中体验鲜活的历史画面。这些社团活动与课堂教学相辅相成，让学生在实践中深切感受家国情怀的强大力量，进一步激发他们对国家和民族的热爱与责任感。

（二）剖析历史人物

首先，根据课程的重难点设置，精心遴选具有典型意义的历史人物和历史事件。教师通过耐心引导学生深入剖析这些历史人物和历史事件，能够助力学生从中洞悉家国情怀的深刻内涵。

例如，在讲授《勇担社会责任》一课时，以林则徐虎门销烟这一壮举为例，深入分析林则徐在直面英国鸦片大肆侵略时，为捍卫国家利益和民族尊严，坚定不移禁烟的英勇行为。学生在了解这段历史的过程中，能够真切感受林则徐浓厚的爱国情怀和强烈的责任担当。

其次，在选择历史人物时，应充分考虑其与政治课程的教学重点和难点相契合，同时也可以根据学生的兴趣和认知水平进行选择。对于那些对古代文化感兴趣的学生，可以以李白、杜甫等文化名人为例。从他们的作品和人生经历出发，去探寻当时的社会兴衰。李白的诗歌豪迈奔放，反映出盛唐的繁荣与自信；杜甫的诗作则充满对百姓疾苦的关切，展现了唐朝由盛转衰的历史变迁。通过他们的故事，学生可以深刻体会到个人与国家的命运息息相关。安史之乱不仅导致李白、杜甫等文人的个人命运发生重大变化，也使得唐朝由盛转衰。这一历史事件也是中国古代社会由开放转向内敛的重要转折点，对后来朝代的发展产生了重要影响。

第四章　聚焦素养的政史融合教学

（三）比较社会现象

通过对比古今历史事件，可以引导学生深入理解家国情怀在古今的区别与联系。

例如，对比岳飞精忠报国与华为突破技术封锁这两个事件。我们会发现，它们在事件主体、历史背景与产生的影响等方面大相径庭。岳飞所处的古代，国家面临外敌入侵，他以忠诚勇敢、浴血奋战来守护家园。而在现代，华为面对技术封锁，以科技创新为核心，同时注重文化传承和社会奉献等多种方式，为国家的发展贡献自己的力量。

但是，通过对比和思考，我们能够更加清晰地认识到，无论是古代还是现代，人们对国家的热爱和奉献精神始终不变。在古代，人们以忠诚勇敢、浴血奋战来守护家园；在现代，人们则以科技创新、文化传承、社会奉献等多种方式为国家的发展贡献自己的力量。通过对比分析，我们可以让学生更加深刻地理解现代家国情怀的内涵和价值，激发他们的爱国热情，培养他们的社会责任感，使他们在未来的人生道路上，能够以实际行动践行家国情怀，为国家的繁荣富强和民族的伟大复兴贡献自己的智慧和力量。

（四）思辨历史话题

传统的政治课堂往往很难抛出具有思辨性的话题。而将历史元素融入政治课堂，则可以有序地组织学生围绕特定的历史主题展开小组研讨与辩论，鼓励他们积极分享个人的独特观点与真切感受。

例如，组织学生讨论"古人效忠昏君也是爱国吗"这一话题。学生们对该话题展开激烈的辩论，激起了较好的思维碰撞。正方发言可从时代背景的局限、维护国家稳定的需要及文化传统的影响三个方面展开论述。在古代，人们受到时代背景的限制，对国家和君主的概念往往难以明确区分。同时，维护国家的稳定对于百姓的生活至关重要，因此效忠君主在一定程度上也被视为维护国家稳定的一种方式。此外，文化传统的影响也使得人们对君主有着忠诚的观念。

反方发言则可从国家与君主的区别、推动变革的需要及个人良知的觉醒三个方面予以反驳。国家是由人民组成的，而君主只是国家的统治者。在昏君统治下，国家可能陷入危机，这时候推动变革才是真正的爱国之举。同时，个人良知的觉醒也让人们认识到，不能盲目效忠昏君，而应该为了国家和人民的利益做出正确的选择。

通过辩论，学生懂得了对于复杂的历史问题，需要从多个角度进行分析和思考。通过探讨能更好地理解人类历史的发展规律和家国情怀观念的演变进程，更加深刻地理解爱国的本质。这种思辨性的学习方式，不仅能够提高学生的思维能力，还能让他们更加深入地理解家国情怀的内涵，培养他们的爱国情感和社会责任感。

三、历史融入政治课堂的实际效果

（一）学习积极性显著提高

丰富多样、饶有趣味的历史内容如同一场及时雨，滋润了原本可能枯燥与乏味的政治课堂，使得学生的学习积极性有了显著的提高，课堂参与的热情程度明显增强。

首先，丰富的历史故事和案例就像是一把神奇的钥匙，能够使抽象的政治理论变得更加生动具体，极大地激发学生的学习兴趣。例如，在讲解民主制度时，通过引入古代雅典的民主政治，再延伸至近代西方国家的民主发展历程,让学生对比不同时期、中西方不同国家的民主形式的差异。在这个过程中,学生仿佛穿越时空,亲身感受着不同民主制度的特点和演变。这种对比不仅让学生对民主概念有了更深刻的理解,还拓宽了他们的视野,培养了他们的全球视野和跨文化交流能力。

其次,对历史人物和历史事件的学习,就如同璀璨的星光,照亮了学生成长的道路,有利于培养学生的价值观和社会责任感。学生从历史人物的爱国情怀、奉献精神等方面汲取正能量,如同干涸的土地吸收着甘霖。这些正能量激励着学生提升自身的思想道德素养,让他们明白自己肩负的责任和使命。同时,当学生将掌握的历史知识巧妙地用于政治课堂学习时,那种融会贯通的成就感油然而生。这种成就感就像一颗火种,点燃了学生对学习能力的自信。有了这份自信,学生在以后的学习中会更加积极主动地去探索和发现新知,进一步丰富自己的知识体系,从而实现更大的成长和进步。

(二)学生综合能力全面发展

政史学科融合教学就像一场精彩纷呈的盛宴,为学生的成长提供了丰富的营养。首先,教师在课前布置一定的前置任务,犹如为学生打开了一扇通往知识宝库的大门。学生需要主动去寻找历史素材,在此过程中,他们学会了合理规划自己的学习时间和任务。在利用图书馆、网络等资源及运用关键词搜索、数据库查询等方法的过程中,他们如同勇敢的探险家,在知识的海洋中寻找宝藏。同时,他们也学会了海量信息的检索、筛选技能,能够从纷繁复杂的信息中提取有价值的内容。

其次,学生在课堂上通过深入分析历史事件和相关问题,参与各种丰富多彩的活动,如历史人物介绍、历史情景剧表演、课堂辩论赛等。在这些活动中,学生的思维能力得到了充分的锻炼。他们像敏锐的思想家,深入思考历史事件的原因、影响和启示，培养了批判性思维和创新思维。他们的表达能力也在这个过程中得到了提升，学会了清晰地表达自己的观点，用准确的语言阐述自己的想法。团队协作能力更是得到了切实有效的锻炼，学生在小组活动中学会了分工合作、互相支持，共同完成任务。通过政史学科融合的思辨学习，学生不再局限于单一学科的知识框架，而是能在历史的长河中感悟政治理念的演变，在政治的思考中理解历史事件的深层原因。这既培养了学生的跨学科思维能力，让他们从不同的角度看待问题，又培养了他们的独立思维能力、创新能力及解决实际问题的能力。政史学科组先后组织的党史讲解比赛、图说时政比赛等为学生展示个性与才华提供了广阔的平台，让学生尽情绽放自己的光彩。这些活动实现了课堂知识与生活实践的紧密联系，增强了学生学科核心素养，为他们的未来发展奠定了坚实的基础。

（三）家国情怀素养得以培育

学生在历史文化的浸润下，就如同茁壮成长的树苗，深深地扎根于国家和家庭的土壤中。对国家和家庭的情感认同进一步增强，学生自觉树立起为国家和民族繁荣昌盛、富强兴旺而不懈努力的远大志向。

从历史角度看，丰富的历史事件和人物事迹就像一部部生动的教材，传递了不同时期人们的家国情怀。古今多少仁人志士为国捐躯，舍生取义。他们的事迹激励着学生，让学生感受到了家国情怀的伟大力量。政治从历史中走来，历史凸显时代的政治内涵。政治课堂从理论层面引导学生理解家国情怀的内涵和重要性。通过对国家制度、政策以及公民权利与义务等内容的学习，将历史融入其中，学生会明白国家的发展是一个连续的过程，每一代人都肩负着特定的历史使命。他们意识到自己也应当传承和发扬先辈们的爱国精神，为国家的繁荣富强贡献自己的力量。这种意识的觉醒，使得学生的家国情怀素养得到了大幅提升。

家国情怀是政治与历史学科核心素养的重要组成部分，在初中学科教学中应当加强家国情怀的渗透，通过先进的理论指导、科学的教学模式、多样的教学活动等，帮助学生认识并认同家国情怀。让学生将自身理想与民族复兴、国家发展紧密联系，助力学生个体进步，实现学生正向发展，促进家国和谐、社会稳定。家国情怀就像一颗璀璨的明珠，照亮了学生前行的道路，引领他们走向更加美好的未来。

第二节　将政治融入历史课堂的教学

在历史课教学中，政治学科彰显出独特魅力和作用。因此，将政治学科相关要素融入历史课堂教学中，有助于提升历史学科对学生的家国情怀教育的效果。

一、将思政课融入历史课的价值意蕴

政治和历史学科作为社会科学的重要分支，具有较强的内在联系。课程改革强调培养学生的综合素养和跨学科思维能力，政史融合教学正是实现这一目标的有效途径。政史融合教学可以帮助学生更好地理解历史知识和政治知识，培养他们的历史素养和政治素养，同时提升他们的跨学科思维能力。

（一）有利于形成学科育人合力

习近平总书记强调："要坚持把立德树人作为中心环节，把思想政治工作贯穿教育教学全过程……使各类课程与思想政治理论课同向而行，形成协同效应。"初中道德与法治和历史学科都采用统编教材，反映了这两门学科在主流价值观把握上的重要性。道德与法治学科属于思政课程的范畴，而历史学科作为一门与道德与法治学科密不可分的基础人文学科，囊括了众多思政元素，更要充分发挥其课程思政的力量，让两门学科优势互补、形成合力。推动道德与法治课同历史课有机融合，意味着教师在授课过程中以课程标准和教材为纲，根据不同主题串联并整合相关的教学素材，将思想政治教育和历史教育有机地结合起来，营造良好的课堂学习氛围。引导学生对历史进行辩证思考，对史料进行合理剖析，从而更好地了解其中涵盖的价值取向，坚定文化自信，培育家国情怀。

（二）有利于促进学生终身发展

在初中历史课堂教学中融入思想政治教育的目的不仅在于传递历史知识，更是引导学生形成积极向上的人生观和价值观。一方面，挖掘初中历史课程中的思政元素，通过历史教学，学生能够有序地理解社会的发展进程，感知国家的历史变迁，从而形成对社会责任的深刻认识，这可以落实立德树人的根本任务。另一方面，将思想政治教育贯穿到教学的全过程，有助于学生在"拔节孕穗期"中增强使命感和责任感，为社会作出积极贡献，能够更好地实现全过程育人以及全方位育人的目标，这也同我国不断贯彻和落实素质教育的目标与要求相吻合。总的来说，将初中思政课融入历史课，不仅能为学生提供专业知识，更能为其人生发展打下坚实的思想基础。

二、将思政课融入历史课的路径选择

（一）把握课程标准对政治融入历史教学的指导方向

《义务教育道德与法治课程标准》（2022年版）提出了五大核心素养：政治认同、道德修养、法治观念、健全人格、责任意识。《义务教育历史课程标准》（2022年版）中也提出了五大核心素养：唯物史观、时空观念、史料实证、历史解释、家国情怀。其中，道德与法治学科核心素养中的政治认同、责任意识与历史学科核心素养中的家国情怀有密切联系。针对家国情怀的表述，两门学科也有相同的地方，都提到了"热爱家乡""热爱祖国""为中华民族伟大复兴而奋斗"，这与社会主义核心价值观中的"爱国"具有一致性。两门学科都具有鲜明的红色主基调，这就让教师在教学过程中有了一致的方向，两门学科的融合将有利于实现相关目标。

另外，跨学科主题学习提倡用综合的思维统整学习内容，真实的情境、特定的问题、开放的结果让学生感受到积极参与的重要性。通过学科纵深、视野拓展、创造性实践，能够帮助学生处理好学科知识和现实生活之间的关系。课程改革强调培养学生的综合素养和跨学科思维能力，将政治融入历史教学正是实现这一目标的有效途径。新课标历史课程在总课时中专门划出10%的课时，用于跨学科主题学习。新课标道德与法治课程也强调以社会发展和学生生活为基础，构建综合性课程。跨学科主题学习的综合性、实践性、多样性、探究性的特点，与家国情怀培养所需的自主建构、知识内化、情感体验相契合，我们可以通过跨学科主题学习提升学生的家国情怀。

"家国情怀"的内涵与中华民族的"家国一体""天下为公"等价值观紧密相连。随着时代的变迁，传统的家国情怀如"天下兴亡，匹夫有责"等观念与社会主义核心价值观有机融合，在树立积极进取的人生态度、提高公民意识、培养社会责任感等方面发挥了重要的育人价值。课程标准的内在逻辑非常清晰，由近及远即从热爱家乡、祖国到培养全球视野，由小及大即爱自己、爱家人、爱家族、爱家乡、爱国家、爱人类，从生命教育到关注现实问题，从爱家爱国再到关注人类命运，层层递进，指明了初中生形成人文追求和社会责任感的路径。

第四章 聚焦素养的政史融合教学

（二）积极推动道德与法治和历史教材内容有机融合

教师要将思政课顺利地融入初中历史课程教学中，就要在备课时做好充分的准备工作。教材作为一种课程资源，具有普遍的适用性和广泛的参考价值。通过分析初中道德与法治、历史教材我们可以发现，其中蕴含了丰富的培育学生家国情怀的元素。教材素材可从教材正文、历史插图、相关史实、拓展栏目、榜样人物中进行挖掘、拓展和延伸，也可从教材外的历史知识中筛选，但所选择的教学素材要遵循科学性原则，在唯物史观的指导下，尊重历史的客观性，尊重历史发展的规律，弘扬正能量。

1. 利用教材辅助栏目

教材栏目搭建了"教"和"学"的支架。在教学中教师可以根据教学需要，选择优质资源，通过展示资料、讲述故事、角色表演和小型辩论会等形式创设情境，设计富有启发性、哲理性、有梯度的问题，引导学生对相关内容进行研究与探讨。初中道德与法治和历史教材中的部分栏目可以互为补充。以"民族区域自治制度"为例，八年级下册道德与法治第五课第三框"基本政治制度"中的"探究与分享"栏目建议学生自主查阅五个自治区成立的相关资料，而在历史教材中则用地图介绍了五个自治区成立的时间及所处的位置。历史教师在教学这一栏目时可以考查学生的道德与法治知识，提供一幅中国地图给学生，让学生给不同的自治区制作一张推荐名片，要求标注清楚地理位置、成立时间和风土人情。教师在激发学生兴趣的基础上进行教学，有助于学生掌握民族知识，增强民族情感，提升思政育人的效果。

2. 利用教材插图

插图蕴藏着丰富的信息，教科书中的插图具有形象直观、简洁明了、寓意丰富的特点，充分挖掘和合理使用教材中的插图能高效地辅助教学。

教师要结合具体的学情，对教材内容进行深入剖析、巧妙设计，深挖教材插图，将其中蕴含的家国情怀的内容进行重新整合，帮助学生建立对于家国情怀的系统认知。在讲授历史教材九年级下册《工业化国家的社会变化》时，教师通过引用教材插图《机器时代的"享受"》，使学生直观感受工业革命在推动生产力快速发展的同时，也带来了一系列环境问题。结合九年级上册道德与法治第六课《建设美丽中国》所学内容，以教材插图浙江余村的变化作为对比，引导学生关注现实，解决实际问题，明白我国不走西方工业化发展老路的原因，在追求高质量发展的同时也要注重保护环境，开发绿色清洁能源，贯彻可持续发展战略。

3. 讲好历史人物故事

历史人物作为历史事件的直接参与者，其人生经历与智慧、性格特征与品德会影响历史发展进程以及事件结果。在课堂教学中了解历史人物的生平事迹，不仅可以帮助学生增长见识，深入感受历史人物的家国情怀，也能让学生在认识历史的过程中产生情感共鸣，进而理解这些历史人物的价值观念。由此可以帮助学生建立正面的历史观，使学生在未来面对社会问题时能够更有责任感。在讲授"西汉的强盛"这一内容时，可以选取历史人物的生平事迹进行讲解。以西汉著名将领卫青和霍去病的军事活动为切入点，结合八年级上册道德与法治《国家利益至上》所学内容，师生共同诵读"拓展空间"栏目引用的诗词。从这些洋溢着强烈的爱国主义情感的诗句中，感受一代又一代中华儿女为实现国家繁荣富强、人民幸福安康而不懈奋斗的精神。面对匈奴的侵扰，卫青、霍去病英勇善战、武艺高强，带领将士积极反抗外敌，顺应、巩固了大一统王朝的历史发展潮流，也对国家、社会产生了积极的推动作用。他们身上开拓进取、不屈不挠、保家卫国的精神为后世留下了宝贵的精神财富。通过这一活动，引导学生以辩证统一的视角审视历史人物，学习历史人物以国家利益为重的崇高精神,以及他们面对生死考验时所展现出的坚定品质,从而增强学生的爱国情感,培育学生的家国情怀。

如果教师能够善于运用这些教学资源,就能有效激发学生的学习兴趣,加深学生对学科知识的理解,最终提升学科核心素养,落实立德树人的根本任务。

(三)大力促进道德与法治和历史教学方法有效互通

历史是人类文明发展的有力见证,学习历史既是对过去的追溯,也是对未来的憧憬。在初中历史教学中,教师不仅要教授学生历史文化知识,还要挖掘道德与法治学科中的相关内容来涵养学生的品格与家国情怀,使学生成为全面发展的高质量人才。教师要不断创新教学方法,转变自身的教学理念,用更加丰富、完整的教学设计激发学生的学习潜能,让历史课堂更加立体鲜活,让学生获得更好的成长,从而成为对国家和社会有贡献的社会主义接班人。

1. 强化史料教学法的应用

史料是研究和学习历史的基础,通过教师引导学生分析各类史料,有利于学生理解历史事件的真实性和复杂性,从而形成基于证据的历史认知。以《唐朝的中外文化交流》一课为例,让学生提前搜集能够反映唐朝与各国交往的实物证据、文字记载等史料。结合九年级上册道德与法治第五课中"延续文化血脉"的内容,在整理、比对和解读史料的基础上指导学生策划一场唐朝文化交流主题展览。引导学生领略以唐代文化为代表的中华文化的深厚底蕴和无穷魅力。让学生借鉴唐代文化交流的意义,探讨当今新中国的改革开放对祖国发展的现实意义,鼓励学生阐述自身对中华文化传承的想法,锻炼学生的思维与语言表达能力,这有助于学生更好地理解中华文化,感悟"天下兴亡,匹夫有责"的担当意识,厚植家国情怀。

2. 推进议题式教学的应用

采用议题式教学是培养新时代学生核心素养的必然要求。教师在进行议题式教学的过程中，应有机融入当下的时政热点事件，鼓励学生围绕各类主题进行思考与讨论，自主做出正确的价值判断，从而不断提升学生的民族认同感和政治归属感，培育学生的家国情怀。在《革命先行者孙中山》一课的教学中，将"孙中山为什么被称为革命先行者"这一问题设置为总议题，通过思想篇、行动篇、组织建设篇、道路选择篇四方面串联起以孙中山为代表的资产阶级革命党人高举革命旗帜、建立革命组织、传播革命思想和开展革命运动的一系列活动进程，结合九年级上册道德与法治第五课中"凝聚价值追求"的内容，让学生感受到革命先烈为救国救民敢于斗争、敢于牺牲的精神。通过不同的主题篇章，有助于学生感悟个人在时代大潮中的抉择，实现小历史和大历史的融通，使学生认识到近代以来中国虽饱尝屈辱和磨难，但是以孙中山为代表的革命党人始终怀揣梦想，渴望民主与光明，从而不断感受中华民族"家国天下"的情怀与抱负。

3. 推动情境化教学的应用

单一地讲授知识会让学生感到乏味。从当下生活情境中选择一些便于追溯历史情境的选题，让学生去寻找文化的起源，去探究历史演进的脉络，既符合以学生为主体的教育理念，也能激发学生的兴趣。例如，在讲授七年级上册历史《北魏政治和北方民族大交融》一课时，布置了一项课前探究任务：寻找自己的姓氏起源。有学生发现，虽然自己现在的民族是汉族，但将时间再往前推移时不难发现能追溯到历史上的一些少数民族姓氏。为什么会出现这样的情况呢？师生以寻找姓氏演变背后的原因为契机，共同开启了探究民族交融的学习之旅。学生学习北魏时期北方民族交融的历史后，体会到中华文明是由汉族与各少数民族共同努力的成果，汉族与各少数民族的血脉共同融合成了如今的中华民族。姓氏的演变，正是中华民族交融历史的一个侧面。由此，学生更深刻地体会到中华民族共同体是历史铸就的。结合七年级道德与法治的相关内容，如"认识自己"，作为初中生，随着社会交往的不断扩大，不仅需要从生理、心理两方面认识自己，更需要从自己在国家、民族中的角色等社会关系方面来认识自己。只有厚植家国情怀，才能自觉地把个人的前途命运与国家、民族、社会紧密地融合在一起。

（四）政史学科融合中的教学评价实践

1. 发挥学生的主体评价作用

传统的教学评价过于突出教师的主体地位，在新课改背景下要提升教学评价的有效性，就需要充分发挥学生在评价中的主体作用。在教学《宋代经济的发展》一课时，教师创设了一个教学情境：假如你生活在宋朝，你会从事什么行业？这是一个复杂而真实的任务，需要小组合作完成。结合九年级下册道德与法治第六课中"多彩的职业"帮助学生明确探讨方向：阅读书本知识及材料链接，撰写一份职业规划书，包括所从事的行业名称、地点以及个人选择理由，如自然条件、技术支持、社会环境、国家政策等。借助职业规划书的展示进一步分析、掌握学情，如学生是否能够完全阐述清楚职业或地点的选择、是否可以从对应的史料中获得有效信息。通过组织学生开展以小组为单位的学习活动，使其在与同组的其他学生相互合作的过程中，不仅是被评估的对象，而且在与同组的其他学生相互评估的过程中成为评价的主体。在此过程中，教师还要引导学生进行自我评估，自评不仅是对自身学习成果的检验，更是对学习行为、学习表现的回顾。在自我评估过程中学会反思、检讨和进步，从而为跨学科学习打下良好的基础。而他评可在评价他人的同时，驱动评价对象形成自我内省，并更好地审视和认识自己。通过这样的评估方式，不仅可以帮助学生从被评者的角度认识自己，发现自己的长处和短处，还可以提高学生学习的热情，使课堂气氛变得更加热烈，从而促使学生更好地融入课堂。

2. 注重课堂实时评价

课堂是学生和教师思维碰撞的主阵地，教师能够直观地了解到学生是否掌握了知识，学生也能够与教师沟通自己的想法。以《北魏政治和北方民族大交融》为例，本课重点在于引导学生以辩证的眼光看待北魏孝文帝改革。但从授课效果和初中生的历史知识储备来看，大部分学生认为"增强北魏实力，加速民族交融"，也有部分学生提出"孝文帝的改革加快了鲜卑族优秀文化的流失"。针对此观点，教师应先给予肯定，并鼓励其他同学立足于不同的角度看待问题，随后呈现孝文帝改革所带来的负面影响，再组织学生自主列出改革所带来的影响，通过归纳总结改革带来的积极和消极影响，学会全面辩证地看待孝文帝改革，明确"从整体的角度来看，孝文帝改革推进北方民族融合，更符合当时的经济背景，推动了历史发展"。教学结束后，教师可以利用希沃白板闯关赛的课堂活动形式，检测学生对相关知识的掌握程度。学生在参与活动的过程中，不但理解了学科知识，同时也提升了学科核心素养。

3. 体现评价手段的多样性

合理且多样化的评价体系不仅是检验教师"教"的成效与学生"学"的情况的依据，也是推动教学质量持续提升的动力源泉。例如，过程性评价能够贯穿学生的学习过程，发现学生在学习中遇到的痛点和难点，辅助教师及时调整教学策略；诊断性评价能够准确判断出学生在某一知识点或技能上的掌握程度，为后续的精准教学提供指导方向；总结性评价能够全面评估学生在一个学习阶段后的整体表现，为教师提供对学生学习成果的客观评价。这些评价方式相互补充，共同构成了全面反映学生综合能力的评价体系。在此基础上给班级学生建立一个成长档案袋，将其分成知识储备、素养思维和活动参与三个板块，对学生实行量化学科评价。其中知识储备为测试成绩，素养思维体现在课堂上的师生互动、生生互动，活动参与关注学生是否对课堂内外活动有主动参与的愿望。对成长档案袋的量化标准进行统一、规范要求，从而确保评价过程的可操作性、评价结果的公正性。

三、将思政课融入历史课的效果分析

政史学科融合教学不仅能够帮助学生了解我国的历史，更能够激发学生的爱国热情，对学生的世界观、人生观和价值观都产生了重要影响。

（一）增强了学生的爱国主义情感

家国情怀是实现中华民族伟大复兴的强大精神动力，是塑造新时代民族精神的重要标志。培育家国情怀的重要目标之一就是增强学生的爱国主义情感。通过带领学生回顾祖国的历史、文化和现代化建设成就，激发他们对祖国的热爱和自豪感。同时，通过讲述英雄人物、爱国志士的事迹，引导学生理解爱国主义的深刻内涵，树立为国家和人民无私奉献的崇高理想。只有让初中生真正明白和了解国家的曲折发展历程，了解到中华文明形成的悠久历史进程，才能使其从自己的内心深处树立高度的文化自信和民族自信。这种融合教学不仅有助于学生形成坚定的国家意识，还能激发他们为实现中国梦而贡献个人力量的热情和积极性。

（二）提升了学生的综合素质

在以往固有的教学形式影响下，教师为学生开展的教学活动都是分开教学的，综合性程度有限，导致学生学习的知识体系与结构比较孤立且死板，不懂得如何与其他学科的知识进行紧密联系。在政史学科融合教学的背景下，学生在学习历史知识时，不仅要了解我国古代文明和文化传统，还需了解我国近现代发展历程。只有这样才能够全面认识我国历史，提高学生对国家的认同感。此外，教师还会结合学生的认知特点和学习需求设计多元化的课堂活动，并在此基础上进行拓展与延伸，利用丰富的课外资源开阔学生的学习视野，引导学生了解我国传统文化和民族精神，培养学生良好的品德和思想观念，从而促进学生全面发展。

（三）增进了学生的文化自信

中华民族孕育了博大精深的优秀传统文化，其蕴含着家国天下的人文关怀、推己及人的道德理念等丰富智慧。无数仁人志士矢志不渝的奋斗历程，铸就了可歌可泣的革命精神，体现着爱国主义的赤子情怀、坚韧不拔的斗争品格、自强不息的奋斗意志。政史融合课堂教学给学生呈现了中华民族砥砺前行、不懈奋斗的壮阔画卷，内化了厚重的文化底蕴与革命精神。渗透家国情怀教育，有利于传承和弘扬中华民族优秀传统文化。指向培育家国情怀素养的政史融合课堂，有利于激发学生对中华民族悠久历史、灿烂文化的热爱之情，增强他们的文化自信。

第三节　将政史课堂深度融合的教学

在当前我国教育改革的大背景下，深植红色文化的传承与创新已上升为教育领域的一项关键任务。地处中国革命策源地的湖湘地区，蕴藏着宝贵的红色文化遗产，这些遗产不仅记录了历史，更是弘扬爱国主义和革命传统的宝贵教材。伴随教育改革的不断深化，教育界对于将湖湘红色文化精髓融入政治历史课堂的教学方法予以了高度关注。目前，虽然学界和教师群体已对此进行了一些尝试性探索，但多数研究仍停留在理论层面，缺少具体的教学实施策略和实际案例支撑。鉴于此，本节旨在前期研究的基础上，结合当前教育改革的政策趋势，对湖湘红色文化在政史课程中的整合教学策略进行深入剖析。

一、以湖湘红色人物案例推进政史融合教学

湖湘之地曾孕育无数璀璨的红色传奇，这些英勇豪杰的光辉事迹和坚定信仰，构成了湖南乃至全中国革命历程中无法遗忘的珍贵遗产。为了让初中生在历史和道德与法治的融合课堂中深刻领悟并传承这段红色记忆，教师需巧妙地设计既具创新性又寓教于乐的教学方法。在挑选湖湘红色人物作为教学内容时，应关注其历史地位、对革命的卓越贡献，并确保所选材料符合初中生的年龄特点及认知水平。诸如蔡和森、何叔衡等早期共产主义者的

感人事迹，他们不屈不挠、坚守信仰的精神风貌，正是青少年学生应当学习的典范。在政史融合课堂教学中，教师可以通过生动的叙述手法，讲述蔡和森、何叔衡等人物的生平事迹。从他们的成长历程、受教育背景出发，逐步揭示他们走向革命道路的历程，以及他们参与的重大历史事件。

在此过程中，结合人教版初中历史教材的相关知识点，如"共产党的创建背景、新文化运动的深远影响"，帮助学生更好地在具体历史背景下掌握知识。借助道德与法治课程的教学目标，引领学生探讨这些红色人物的思想品质和道德风范。通过剖析蔡和森、何叔衡等人在革命斗争中的坚定信念和无私奉献，引导学生思考信仰与责任的关系，培育他们的爱国情感和社会责任感。为提高教学的趣味性和互动性，可以采用多元化的教学手段。比如，运用图片、视频等资料生动地呈现红色人物形象和事迹；开展角色扮演或模拟演讲活动，让学生亲历历史人物的内心世界和抉择时刻；邀请历史学者或革命后代进行专题讲座和交流，为学生提供更全面、更深入的历史视角；等等。

二、以红色景区实地教学促进政史融合教学

在引导学生探索近代中国史的课堂教学中，教师侧重于结合初中历史教材中辛亥革命及湖南新军起义的内容，引领学生踏上岳麓山之旅，寻觅历史痕迹。通过"有风景的思政课"实地教学模式，让学生深刻领悟革命先行者为民族自立、人民解放所进行的艰苦斗争。同时，以毛泽东同志的《沁园春·长沙》为引，结合道德与法治课中爱国主义和理想信念的教育，让学生在橘子洲头亲身体验那诗意盎然的历史场景和革命情操，感悟个人抱负与国家命运的紧密联系。依据道德与法治课程中关于社会主义核心价值观和革命传统教育的要求，组织学生参观毛泽东同志故居和纪念馆，借助讲解员的生

动阐述和展品，让学生深入了解伟人的成长轨迹和革命精神，以此点燃他们的爱国热情和社会责任感。在游览过程中，巧妙地安排诸如角色模拟、现场还原等互动环节，使学生得以沉浸式地感受历史风云，从而对历史知识有更深刻的领悟与记忆。通过敬献鲜花、静默志哀等庄重仪式，激发学生的情感共鸣，使其真切体会到革命先烈为国家和民族奉献的伟大精神。

通过一系列红色景区实地教学之后，指导学生融合历史及道德与法治学习成果，撰写观后感和体验报告，深入剖析革命先烈壮举对自我发展的启迪，并探讨在日常学习和生活中践行红色精神的途径。通过小组交流，学生能够各抒己见，情感交汇，从而获得更为丰富、深入的理解。此番实践旨在让学生超越课本，通过实地体验，深刻领悟红色文化的深远意义与价值，培育出继承红色基因、传播革命火种的新时代青年。

三、以红色纪念馆资源增进政史融合教学

选取初中人教版八年级上册《中国历史》中《新民主主义革命的开始》章节作为案例，可以把纪念馆内的文物、图片、影像等资料进行数字化处理，整合进入教学资源库。这样学生可通过网络平台观摩诸如秋收起义纪念馆、毛泽东同志旧居等处的珍贵史料，从而更直观地体会井冈山会师、红军长征等重大历史事件的艰苦卓绝和辉煌壮丽，深化对历史事件的理解。同时运用VR技术打造虚拟纪念馆游览系统，使学生得以在仿真的环境中"亲身"经历历史场景，如游览韶山毛泽东同志纪念馆，通过互动式体验，进一步领悟毛泽东同志的革命思想并理解其在我国革命历程中的核心地位。

同时，在道德与法治课程中"捍卫国家利益"一节的教学里，教师可以引领学生深入湖湘红色故事，从中提取爱国主义和集体主义等核心价值理念。诸如唐群英、贺英、邓中夏等英雄的壮烈事迹，不仅彰显了个体

命运与国家兴衰的密切联系，也唤起了学生的爱国情感及对社会责任的认识。倡导学生主动探索纪念馆资料，结合所学内容，进行文章撰写与发表演讲，以此方式表达对红色故事的感悟和对革命精神的传承。此外，教师可设计融入历史与道德与法治知识点的竞赛题目，如探讨五四运动的历史意义、阐述抗日战争中的关键战役和杰出人物，这不仅测评了学生对知识的掌握程度，还增添了学习的乐趣与互动性。通过小组竞赛或个人抢答的形式并设立奖励机制，以此点燃学生的参与激情和竞争欲望，进而推动团队协作与交流的深化。

四、以红色影视作品助力政史融合教学

在教授人教版初中历史八年级上册《新民主主义革命的开始》这一章节时，《秋收起义》是极佳的辅助教学资源。该影片细腻地描述了毛泽东同志在领导秋收起义过程中所经历的种种艰辛，以及其后转战井冈山建立革命根据地的重大战略转移。在进行此部分内容的教学前，教师可以播放如"三湾改编"这样的片段，并在播放完毕后启发学生深入讨论这次改编的重要性，探讨它如何为我党领导的军队构筑了坚实的政治基石，并对照教科书内容，深入剖析其对革命后续发展路径的深远影响。同时，在教授八年级道德与法治中"爱国主义精神与民族精神"这一课题时，可以巧妙引入《恰同学少年》这部影片中的青春奋斗篇章。该片展示了毛泽东等年轻学子在学术道路上所体现的爱国热忱与拼搏精神。教师可借助影片中的细节（如学生们热议国事、发起爱国行动等场景），启迪学生深入思考"何为真挚的爱国情操"以及"作为新时代的青少年，我们应如何传承并光大国魂"等问题，进而实现将爱国主义教育融入学生的日常学习和生活中。

在政史融合的课堂教学中，可以采用以下策略以提升学生的沉浸式学

习体验和批判性思维能力。通过引入视觉冲击力强的影视资料（如湖湘红色电影），营造历史与道德情境，使学生仿佛穿越至故事发生的年代，从而加强他们的情感投入。例如，在观看《秋收起义》经典片段之后，指导学生进行角色模拟，再现影片中的关键对话与情节，由此深化对历史事件的认识。采用问题驱动式学习方法，根据影片内容设计层次分明的问题，逐步引领学生深入思考。以《恰同学少年》为例，可以提出诸如"毛泽东等人在青年时期如何展现出爱国情怀"以及"这些早期经历如何塑造他们的革命生涯"等问题，激励学生以小组形式讨论，以此锻炼他们的批判性思维与团队协作能力。推动跨学科的综合学习，将红色影视作品与语文、地理等课程内容相结合，例如，让学生在语文课上运用阅读和写作技巧撰写观后感或影评，或利用地理知识探讨革命根据地的选址逻辑，以此促进知识的综合运用。倡导学生参与实践活动，如赴毛泽东故居、秋收起义纪念馆等地进行考察或调研，将影视场景与现实场景相结合，加深对历史和人物的理解与感悟。通过深入观赏与探讨湖湘地区的红色影视作品，不仅能传授学生必要的历史知识，更重要的是能唤起他们内心深处的爱国热情，进而塑造健全的世界观、人生观与价值观。

五、以教学评价提升政史融合教学有效性

在探索将湖湘红色文化融入初中政史课程的教学实践中，不仅要致力于培育学生的历史感悟与爱国情操，同时也试图对既有的教学评估体系进行革新与突破。为此，在衡量学生对这一地域特色文化认知与运用成效上，亟须打造一个综合性、多维度、具备反馈功能的新型评价体系。

一方面，注重提升学生学习热情。在教授湖湘红色文化的历史课和道德与法治课程的过程中，过程性评价的作用不容忽视。教师可借由观察学

生在课堂互动中的活跃程度，间接衡量他们对课程内容的关注度和参与热情。譬如，在学习《新民主主义革命的开始》的过程中，安排"红色故事交流"活动，鼓励学生将教材内容与课外搜集的资料相结合，讲述湘湖英烈的事迹或革命历程，此举不但有助于锻炼学生的叙述能力、表达能力，还能清晰展现他们的学习热情及对知识的掌握程度。同时，小组探讨也是评价学习过程的关键方式，可针对"湘湖红色文化对青少年的现代启示"或"在日常生活中传承红色精神的途径"等主题进行，通过评价学生的讨论观点、团队协作态度以及问题解决能力，全面考察他们的学习成效。

另一方面，科学运用结果评价手段。在评价机制中，结果评估的作用显得十分重要。针对初中阶段道德与法治课程的终结性评价，可精心策划一系列期末考试题目（如案例分析题、论述题等），旨在检验学生对湘湖红色文化知识点的掌握程度，以及他们运用这些知识解析现实问题的能力。此外，在历史课堂中，教师应激励学生撰写与湘湖红色文化主题相关的论文或研究报告，通过深度研究及创作，体现学生对红色文化的深刻理解与个人感悟。这种评估方法不仅能够有效衡量学生的学业成就，而且有助于激发他们的创新意识和批判性思维。

将湘湖红色文化基因融入政史教学课堂，主要通过别具匠心的教学内容设计、教学活动的多样化扩展、教学资源的系统整合以及辅助教学手段的创新运用，实现红色文化与传统学科知识的有机融合。具体方法包括讲述英雄事迹、现场教学体验、纪念馆资源的综合利用及影视资料的恰当辅佐，这不仅加深了学生对红色文化的认知，增强了共鸣，还提高了他们的历史理解力和政治敏感度。同时本节也重视构建全面的教学反馈与评价体系，以此确保教学目标的达成与教学效果的持续提升。展望未来，我们将进一步推进红色文化教育的深入发展，为培育具有深厚爱国情感与时代责任感的新时代人才而不懈努力。

第五章

聚焦素养的政史融合活动

　　政史融合活动在教育教学中具有重要意义，它不仅促进了学科之间的交叉与融合，还深刻影响着学生的全面发展与综合素质的提升。相比于单一学科的学习，政史融合活动更具趣味性和挑战性。通过丰富多样的活动形式（如辩论赛、模拟联合国、历史剧表演等），学生能够更加主动地参与到学习中来，感受到学习的乐趣和成就感，从而激发学习兴趣和动力。

第一节　主题德育活动

家国情怀不仅是一种情感，更是一种精神纽带，将每一个个体与祖国和家乡紧密相连。这种情怀体现为对祖国的无限热爱、对家乡的深深眷恋，以及对国家和民族未来的主动关切与担当。在当今这个快速发展、充满变革的时代，培养学生的家国情怀素养具有至关重要的意义。随着全球化的加速推进，各种文化相互交融、碰撞，学生面临多元价值观的冲击。在这样的背景下，培养他们对祖国的深厚感情、对民族文化的认同以及对国家发展的责任感显得尤为迫切。家国情怀能够为学生提供坚实的精神支柱，帮助他们在纷繁复杂的世界中找到自己的定位，明确自己的责任和使命。为了达成这一目标，我们精心策划并开展了一系列聚焦家国情怀素养的政史融合活动，将其与主题德育活动紧密结合。通过丰富多彩的活动形式（如生动的课堂教学、深入的社会实践、富有感染力的主题演讲等），引领学生深刻领悟家国情怀的真谛，激发他们内心深处的民族自豪感与社会责任感。

一、主题德育活动的目标与意义

主题德育活动的核心目标是培养学生的家国情怀和社会责任感。政治课程让他们了解国家的政治制度、治理体系以及政策方针，历史课程则带他们穿越时空，领略国家悠久的历史文化和波澜壮阔的发展历程。开展两者相互融合的主题德育活动，能够加深学生对国家历史与现状的认知，进而建立起对祖国的深厚感情以及对国家发展的积极参与意识。

主题德育活动在德育活动中扮演着至关重要的角色，其意义主要体现在以下几个方面。

（一）增强国家认同感

政史融合教育通过深入探讨国家的历史发展和政治变迁，有助于学生建立对国家的深刻认同。这种教育模式强调历史与政治的内在联系，使学生能够全面理解国家从古至今的发展历程，从而培养其强烈的民族自豪感和责任感。

例如，通过分析历史事件对现代社会的影响，学生能够认识到个人命运与国家命运的紧密联系。历史上的重大事件（如抗日战争、改革开放等），不仅改变了国家的命运，也深刻影响了每一个人的生活。学生在学习这些历史事件的过程中，能够感受到自己作为国家的一分子，肩负着传承历史、开创未来的重任。这种认识能够激发他们为国家未来发展贡献力量的愿望，使他们更加积极地参与到国家建设中来。

同时，政史融合的德育活动鼓励学生关注时事政治，理解政治决策对个人及社会的意义。在当今信息时代，政治事件和政策决策对人们的生活产生了越来越重要的影响。通过学习政治课程，学生能够了解国家的政治制度和决策过程，理解政治决策的背景和目的。同时，结合历史课程的学习，他们能够从历史的角度看待当前的政治事件，分析其发展趋势和影响。这样的学习方式能够培养学生积极参与社会政治生活的责任意识，使他们成为有担当、有责任感的公民。

第五章 聚焦素养的政史融合活动

（二）培养责任感和使命感

在德育活动中运用伟大历史人物与历史事件等素材，能让学生感受到为国家和民族作出贡献的重要性，从而培育起强烈的社会责任感和历史使命感。历史上的伟大人物（如孔子、屈原、孙中山、毛泽东等），以自己的智慧、勇气和奉献精神，为国家和民族的发展作出了卓越的贡献。他们的事迹激励着学生树立远大的理想和目标，努力为国家和人民的利益而奋斗。

同时，历史上的重大事件（如五四运动、抗日战争、解放战争等），也展现了中国人民在面对困难和挑战时的坚韧不拔和英勇无畏。学生在学习这些事件的过程中，能够感受到自己作为新时代的青年，肩负着实现中华民族伟大复兴的历史使命。这种使命感能够促使他们更加努力地学习，提高自己的综合素质，为国家的繁荣富强贡献自己的力量。

（三）提升道德素养

政史融合的德育活动蕴含着丰富的道德教育资源，如忠诚、勇敢、牺牲等价值观，这些价值观能够引导学生形成正确的道德观念与行为准则。在历史的长河中，无数英雄人物用自己的行动诠释了这些价值观。他们的事迹不仅是历史的见证，更是道德的楷模。通过学习这些英雄人物的事迹，学生能够深刻体会到道德的力量，从而树立正确的世界观、人生观和价值观。

例如，忠诚是一种高尚的品德，历史上许多忠臣义士为了国家和民族的利益，不惜牺牲自己的生命。他们的忠诚精神激励着学生在面对困难和挑战时坚定信念，不离不弃。勇敢是另一种重要的品德，历史上的英雄人物在面对敌人和困难时，毫不畏惧，勇往直前。他们的勇敢精神能够激发学生在生活中勇敢地面对困难，敢于挑战自我。牺牲精神也是历史上许多英雄人物所具备的品质，他们为了国家和民族的利益，不惜牺牲自己的生命。这种牺牲精神能够让学生懂得在国家和人民需要的时候挺身而出，无私奉献。

（四）培育全面的世界观

通过政史融合的德育活动，学生能够建立起联系历史与现实的全面世界观，为其成为有责任感的世界公民奠定坚实基础。历史是一面镜子，能够让我们了解过去，把握现在，展望未来。通过学习历史，学生能够了解不同国家和民族的发展历程，认识到人类社会的多样性和共同性。同时，结合政治课程的学习，他们能够了解不同国家的政治制度和国际关系，理解全球治理的重要性和面临的挑战。

这样的学习方式能够帮助学生建立起全面的世界观，使他们在面对全球性问题时，能够从多个角度进行思考，提出合理的解决方案。同时，也能够培养学生的国际视野和跨文化交流能力，使他们成为有责任感的世界公民，为推动人类社会的进步和发展作出贡献。

二、主题德育活动的教育内容与德育活动结合

（一）德育课程设置与政史融合

在德育课程设置上，我们应当注重跨学科的综合性。我们曾举办过多期班团课活动，这些活动以生动的形式将政史教育与德育相结合，为学生提供了一个丰富多彩的学习平台。

"让雷锋精神在新时代绽放更加璀璨的光芒"班团课活动，通过讲述

雷锋的事迹，引导学生学习雷锋的奉献精神和助人为乐的品质。同时，结合政治课程的学习，让学生了解社会主义核心价值观的内涵，认识到雷锋精神在新时代的重要意义。

"青春砥砺前行，共筑中国梦——纪念五四运动"班团课活动，则带领学生回顾五四运动的历史，感受当时青年学生的爱国热情和奋斗精神。通过分析五四运动的历史背景和影响，结合政治课程的学习，让学生了解中国近代以来的历史变迁和社会进步，认识到青年学生在国家发展中的重要作用。

"科技强国梦，少年勇担当"班团课活动，以科技创新为主题，让学生了解中国科技的发展历程和成就。通过学习科技领域的历史事件和人物，结合政治课程的学习，让学生了解国家的科技政策和发展战略，认识到科技创新在国家发展中的重要地位。

在教学方法上，我们采用案例教学法、角色扮演、小组讨论、主题演讲等互动式教学方法，让学生在参与中深化对知识的理解与内化。案例教学法通过具体的案例分析，让学生将理论知识与实际问题相结合，提高他们分析问题和解决问题的能力；角色扮演则让学生通过扮演不同的历史人物或政治角色，深入了解历史事件和政治制度，提高他们的历史感悟和政治素养；小组讨论和主题演讲能够激发学生的思维活力，培养他们的合作精神和表达能力。

（二）社会实践活动与政史融合

社会实践活动是连接学校教育与社会现实的桥梁。通过参与社会实践，学生能够将理论知识应用于实际情境中，增强德育的实效性。社会实践活动还能够培养学生的社会责任感和奉献精神，提高他们的社会实践能力和创新能力。

我们曾多次组织学生参观伟人故里韶山。韶山是毛泽东的故乡，这里蕴含着丰富的历史文化和革命精神。通过实地考察和现场教学，让学生深刻感受历史，激发他们的爱国情感。学生在这里参观了毛泽东故居、毛泽东纪念馆等景点，了解了毛泽东的生平事迹和革命历程。他们还在那里体验了军事训练，感受到了革命先辈们的艰苦生活和奋斗精神。

学校还可以鼓励学生参与社区服务活动，如帮助老人、环境保护等。通过服务社会，培养学生的社会责任感和奉献精神。在帮助老人的活动中，学生了解了老年人的生活需求和困难，为老人送去温暖和关爱。在环境保护活动中，学生积极参与垃圾分类、植树造林等活动，为保护环境贡献自己的力量。

政史融合教育通过上述课程设置与教学方法的融合，以及对社会实践与历史事件教育意义的深入挖掘，能够有效促进学生的全面发展，培养具有良好政治素养、历史意识和社会责任感的现代公民。

三、主题德育活动的效果

我们在开展以主题德育活动融合政史教育的德育活动方面取得了积极成效，这些成效不仅体现在学生的思想道德素质和学习能力的提高上，还体现在学校的教育教学管理和师资队伍建设等方面。

（一）德育队伍建设得到加强

学校通过加强历史与政治融合课程，提升了教师的德育教学能力，确保德育工作的专业性与实效性。教师是德育工作的实施者和引导者，其教学能力和专业素养直接影响着德育工作的质量。通过政史融合教育，教师能够更好地将政治理论和历史知识与德育相结合，丰富教学内容，提升教

第五章　聚焦素养的政史融合活动

学效果。

同时，学校整合学术教育和德育心理教育资源，全面提升学生的心智素质和道德品质，促进学生个性发展和社会适应能力的提升。学术教育能够为学生提供丰富的知识和技能，德育心理教育则能够关注学生的心理健康和道德发展。两者相结合，能够为学生的成长提供全方位的支持和帮助。

（二）德育管理更加深化

学校通过完善德育工作机制，鼓励政治和历史教师在日常教学过程中深度融合，以培养学生的家国情怀。德育工作机制的完善能够为德育工作提供有力的制度保障，确保德育工作的顺利开展。政治和历史教师的深度融合能够发挥学科优势，共同为学生的德育教育贡献力量。

政治和历史教师应明确德育目标和内容，形成制度化、规范化的德育管理模式。德育目标和内容的明确能够为教师的教学提供指导，使他们在教学过程中更加有针对性地进行德育教育。制度化、规范化的德育管理模式能够确保德育工作的稳定性和可持续性，提高德育工作的质量和效果。

（三）德育活动空间得到拓展

通过组织多样化的德育活动，如爱国主义教育演讲活动、身边的榜样社会实践活动、"我是党史讲解员"活动、组织学生参观红色教育基地和爱国主义教育基地，以及开展"云访问""线上参观"等方式，拓展社会实践活动内容与形式，加深学生对中华民族精神的感悟。

爱国主义教育演讲活动能够激发学生的爱国热情，提高他们的演讲能力和表达能力。身边的榜样社会实践活动能够让学生学习身边的优秀人物，感受榜样的力量，提高自己的道德品质。"我是党史讲解员"活动能够让学生深入了解中国共产党的历史，传承红色基因，增强对党的热爱和忠诚。组织学生参观红色教育基地和爱国主义教育基地，能够让学生亲身感受革命先辈的奋斗精神和爱国情怀，激发他们的民族自豪感和责任感。开展"云访问""线上参观"等方式，能够打破时间和空间的限制，让学生更加便捷地了解历史文化和革命精神。

（四）主题德育活动与思政课建设相互渗透

德育工作与思政课建设相互渗透，能提高学生的思想道德素质，培养学生的爱国情怀和社会责任感。德育工作和思政课建设都是学校教育的重要组成部分，两者相互渗透，能够形成教育合力，提高学生的思想道德素质。

德育工作通过各种形式的活动（如主题班会、社会实践、志愿服务等），对学生进行思想道德教育。思政课则通过系统的理论教学对学生进行思想政治教育。两者相互结合，能够使学生在学习理论知识的同时，通过实践活动加深对理论知识的理解和掌握，提高自己的思想道德水平。

同时，德育工作和思政课建设都注重培养学生的爱国情怀和社会责任感。通过学习历史和政治知识，了解国家的发展历程和现状，学生能够增强对祖国的热爱和忠诚。通过参与社会实践活动，为社会作出贡献，学生能够提高自己的社会责任感和奉献精神。

（五）"五育"融合，促进学生全面发展

在德育基础上，注重智育、体育、美育、劳动教育的融合，促进学生全面发展。政史融合教育的德育活动不仅注重学生思想道德素质的培养，还注重学生的全面发展。

智育是学生发展的重要基础，通过政史融合德育活动，学生能够提高自己的学习能力和思维能力，为其他学科的学习打下坚实的基础。体育是学生健康成长的重要保障，通过参与体育活动，学生能够增强体质，培养团队合作精神和竞争意识。美育能够培养学生的审美能力和创造力，通过欣赏艺术作品、参与艺术活动，学生能够提高自己的审美水平和艺术修养。劳动教育能够培养学生的劳动意识和实践能力。通过参与劳动实践，学生能够学会珍惜劳动成果，提高自己的动手能力和解决问题的能力。

总之，政史融合教育的德育活动是一种创新的教育模式，它将政治、历史与德育相结合，通过丰富多彩的活动形式，培养学生的家国情怀、社会责任感和综合素质。这种教育模式不仅能够提高学生的学习兴趣和学习效果，还能够为学生的成长和发展提供有力的支持和帮助。在今后的教育教学工作中，我们将继续深入探索政史融合教育的德育活动，不断创新教学方法和活动形式，为培养具有良好政治素养、历史意识和社会责任感的现代公民作出更大的贡献。

第二节 班团教育活动

班团教育活动作为学校思想道德教育的重要载体,具有深远的育人功能。本节通过融入具体案例,展示了班团活动的实施目标和过程,强调学生在体验中感悟家国情怀教育的重要性,并提出了班团活动在形式和内容上的创新路径。

一、班团教育活动的特点

集体性。班团教育活动是面向班级全体同学开展的集体活动。在这种集体环境里,每一位同学都是活动的参与者,无论是政治历史知识的学习还是家国情怀的培养,都不是孤立的个体行为。例如,在开展关于"中国近现代史中的民族觉醒与抗争"的班团活动时,全体同学共同回顾历史,从鸦片战争到五四运动,从抗日战争到中华人民共和国成立,大家在集体的氛围中感受那段波澜壮阔的历史进程,这种集体性能够让学生产生强烈的共鸣,使家国情怀在集体的情感氛围中得到激发和强化。

针对性。班团教育活动可以根据班级学生的特点和需求进行有针对性的设计。不同班级的学生在知识储备、认知水平和兴趣点上可能存在差异。教师可以充分利用这一特点,结合政治历史学科融合的要求,设计符合本班学生实际情况的活动内容。比如,针对学生对历史故事比较感兴趣的特点，可以开展"讲述家乡抗战英雄故事"的班团活动，通过挖掘本地的历史资源，将历史与学生身边的人和事联系起来，在培养家国情怀方面更具针对性。

自主性。在班团教育活动中，学生有较大的自主性发挥空间。班团活动的组织、策划和部分实施过程可以由学生自主完成，这有助于激发学生的主观能动性，提高他们的参与度。例如，在以"古代中国的政治智慧与现代国家治理"为主题的班团活动中，学生可以自主分组，分别负责收集资料、制作展示课件、组织讨论环节等工作。在这个过程中，学生主动深入探究政治历史知识，更深刻地理解其中的家国情怀内涵，并且在自主实践中提升自身的综合素养。

多样性。班团教育活动的形式丰富多样，如主题班会、演讲比赛、角色扮演、小组讨论、实地参观等多种形式。这种多样性能够满足不同学生的学习风格和兴趣爱好。例如，对于喜欢表达的学生，可以组织"我心中的历史英雄"演讲比赛；对于喜欢表演的学生，"历史剧重现"的角色扮演活动能够让他们更好地融入历史情境，体验历史人物的家国情怀。不同形式的活动相互补充，全方位地促进政治历史学科融合，提升学生的家国情怀素养。

二、班团教育活动的作用

（一）强化知识融合

班团教育活动为政治历史学科知识的融合提供了一个有效的平台。在活动中，教师可以引导学生将政治概念与历史事件相结合，加深对知识的理解。例如，在探讨"民主制度的发展历程"这一主题时，通过班团活动，可以让学生从古希腊的民主政治起源开始，沿着历史的脉络，了解到近代西方民主制度的演变，再对比中国现代民主制度的发展。这样的活动有助于学生构建完整的知识体系，明白政治制度的发展是一个与历史进程紧密相连的过程，从而更好地实现政治历史学科知识在学生头脑中的融合。

（二）深化家国情怀教育

1. 情感激发

班团教育活动通过生动、直观的方式，能够极大地激发学生的家国情怀。在讲述历史上的国家危难时刻（如南京大屠杀等事件）时，全班同学共同沉浸在那段悲痛的历史中，对国家遭受的苦难感同身受，从而激发强烈的爱国情感。同时，在介绍国家发展成就时，如中国航天事业的飞速发展，全体同学共同为国家的强大而自豪，这种情感在班团活动的集体氛围中得到了放大和强化。

2. 价值观引导

班团教育活动有助于引导学生树立正确的价值观，将家国情怀融入个人的价值体系中。在活动过程中，教师可以通过对历史事件和政治现象的分析，引导学生思考个人与国家、民族的关系。例如，在讨论"长征精神"的班团活动中，学生能够深刻理解在艰苦的历史时期，个人为了集体、为了国家的利益可以作出巨大的牺牲，从而引导学生在现代社会中也要以国家利益为重，积极践行社会主义核心价值观，将家国情怀转化为实际行动。

（三）促进班级凝聚力提升

1. 共同目标的建立

在以"政治历史学科融合培养家国情怀"为主题的班团活动中，全班同学围绕共同的目标——深入理解政治历史知识、培养家国情怀而努力。

第五章　聚焦素养的政史融合活动

这种共同目标能够将同学们紧密团结在一起，大家在活动中相互协作、相互学习，朝着同一个方向前进。例如，在筹备"中国古代政治文明的辉煌成就"展览活动时，同学们分工合作，有的负责收集资料，有的负责设计展板，有的负责讲解，在这个过程中形成了强烈的集体荣誉感和团队合作精神。

2. 同学关系的融洽

班团活动中的互动交流能够增进同学之间的感情，使班级氛围更加和谐融洽。在政治历史学科融合的班团活动中，同学们分享自己对历史事件的见解、对政治理念的思考，这种思想的碰撞和交流不仅加深了对知识的理解，也拉近了同学之间的心理距离。例如，在关于"世界政治格局演变与中国外交"的小组讨论班团活动中，同学们各抒己见，不同观点的交流让大家相互尊重、相互理解，从而促进班级内部关系的和谐发展，而这种和谐的班级氛围又有助于家国情怀在班级中更好地传播和深入。

（四）提升学生综合素养

1. 思维能力培养

班团教育活动鼓励学生积极思考、分析问题，有助于培养学生的思维能力。在政治历史学科融合的活动中，学生需要从不同的角度分析历史事件与政治现象的因果关系、相互影响等。例如，在研究"工业革命对英国政治制度变革的影响"这一主题时，学生要运用逻辑思维、历史思维和辩证思维，从经济发展、社会结构变化等多方面分析工业革命是如何推动英国议会改革等政治制度变革的。这种思维能力的锻炼对学生在其他学科的学习以及未来的发展都具有重要意义。

2. 表达能力与团队协作能力的提升

班团活动为学生提供了锻炼表达能力和团队协作能力的机会。如在演讲比赛、小组展示等活动形式中，学生需要清晰地表达自己的观点，组织语言，这有助于提高他们的口头表达能力。同时，在各种需要团队合作完成的活动中，学生学会与他人分工合作、协调沟通，提升团队协作能力。这些综合素养的提升将使学生在今后的学习、生活和社会交往中更加自信和从容，更好地传承和弘扬家国情怀。

三、班团教育活动的实施路径

（一）明确活动主题与目标

主题选择。结合政治历史学科内容和家国情怀培养的要求，选择具有针对性和吸引力的主题。可以从重大历史事件、杰出历史人物、重要政治制度等方面入手。例如，以"五四运动与中国青年的担当"为主题，引导学生了解五四运动的历史背景、过程和意义，感受当时青年学生的爱国热情和担当精神。

目标设定。明确活动的具体目标，包括知识目标、情感目标和行为目标。知识目标可以是让学生掌握特定历史时期的政治历史知识；情感目标可以是激发学生的爱国情感、民族自豪感等；行为目标可以是引导学生在日常生活中践行家国情怀，如积极参与社会公益活动等。

（二）精心策划活动内容

1. 知识讲解与讨论

在班团活动中，可以先安排教师或学生进行政治历史知识的讲解，为学生提供必要的知识背景，然后组织学生进行小组讨论，让他们分享自己的观点和感受。例如，在"古代丝绸之路与现代'一带一路'"的主题活动中，先讲解古代丝绸之路的历史意义和现代"一带一路"倡议的战略价值，然后让学生讨论两者之间的联系和对国家发展的影响。

2. 实践活动

设计丰富多彩的实践活动，让学生在实践中体验和感悟家国情怀。可以组织学生参观历史博物馆、爱国主义教育基地等，让他们亲身感受历史的厚重和国家的伟大；也可以开展社会调研、志愿服务等活动，让学生了解社会现实，增强社会责任感。例如，组织学生参观当地的革命纪念馆，了解革命先烈的英勇事迹，激发学生的爱国热情；或者组织学生参与社区环保活动，培养学生的社会责任感。

3. 文艺表演与展示

通过文艺表演、作品展示等形式，增强活动的趣味性和感染力。学生可以编排历史短剧、朗诵爱国诗歌、制作手抄报等，展示他们对家国情怀的理解和感悟。例如，学生可以排练关于抗日战争的历史短剧，再现当时中国人民的顽强抗争精神，让观众在欣赏表演的过程中受到深刻的教育。

（三）合理组织活动形式

1. 主题班会

主题班会是班团教育活动的常见形式之一。可以围绕特定主题，通过教师讲解、学生发言、小组讨论、观看视频等环节，深入开展政治历史学科融合和家国情怀教育。例如，以"中华人民共和国成立70周年的辉煌成就"为主题召开主题班会，让学生回顾中华人民共和国成立以来的重大历史事件和发展成就，激发学生的民族自豪感和爱国热情。

2. 团队竞赛

组织团队竞赛活动，如知识竞赛、演讲比赛、辩论比赛等，以激发学生的竞争意识和学习热情。竞赛内容可以涵盖政治历史学科知识和家国情怀相关内容，通过比赛的形式，让学生在竞争中学习，在学习中培养家国情怀。例如，举办"我爱我的祖国"演讲比赛，让学生用生动的语言表达自己对祖国的热爱和赞美之情。

3. 社会实践

带领学生走出课堂，参与社会实践活动。可以组织学生参观企业、社区、农村等，了解国家的经济发展和社会建设情况；也可以参与志愿者服务活动，为社会作出贡献。社会实践活动能够让学生将所学知识与实际生活相结合，增强他们的社会责任感和家国情怀。例如，组织学生参与关爱孤寡老人的志愿者活动，让学生在奉献中体会到关爱他人、服务社会的重要性。

（四）有效评估活动效果

1. 学生反馈

通过问卷调查、座谈会等形式，收集学生对班团教育活动的反馈意见。了解学生在活动中的收获和感受，以及对活动的改进建议。根据学生的反馈，及时调整活动内容和形式，提高活动的质量和效果。

2. 教师评价

教师对学生在活动中的表现进行评价，包括知识掌握程度、参与度、团队合作能力、表达能力等方面。评价结果可以作为学生综合素质评价的重要依据，同时也为教师改进教学提供参考。

3. 活动成果展示

将学生在班团教育活动中的成果进行展示，如手抄报、演讲稿、历史短剧视频等。通过成果展示，让学生感受到自己的努力和付出得到了认可，同时也可以激励更多的学生积极参与活动，提高活动的影响力。

四、基于班团教育活动培育家国情怀策略

（一）知识传授与情感激发相结合

1. 深入讲解政治历史知识

在班团教育活动中，教师要深入讲解政治历史学科的相关知识，让学生了解国家的发展历程、政治制度的演变、文化传统的传承等。通过知识的传授，让学生了解自己国家的历史和现状，增强对国家的认同感和归属感。

2. 挖掘情感教育素材

教师要善于挖掘政治历史学科中的情感教育素材，如爱国故事、英雄事迹、民族精神等。通过讲述这些素材，激发学生的爱国情感、民族自豪感和社会责任感。例如，讲述岳飞精忠报国、林则徐虎门销烟等故事，让学生感受到先辈们的爱国情怀、民族气节和奉献精神。

3. 引导学生情感体验

在活动中，教师要引导学生进行情感体验，让学生亲身感受家国情怀的内涵。可以通过观看历史影片、参观爱国主义教育基地、参与社会实践活动等方式，让学生在实际情境中体验到国家的伟大、民族的团结和人民的力量。例如，组织学生观看《建国大业》《我和我的祖国》等影片，让学生在观影过程中感受到国家的发展和人民的奋斗精神。

（二）榜样示范与自我教育相结合

1. 树立榜样

教师要在班团教育活动中树立榜样，让学生学习榜样的优秀品质和行

为。可以选择历史上的英雄人物、当代的先进模范等作为榜样，向学生介绍他们的事迹和精神。例如，介绍雷锋、焦裕禄等先进模范的事迹，让学生学习他们的奉献精神和为人民服务的意识。

2. 引导学生自我反思

教师要引导学生进行自我反思，让学生思考自己在日常生活中的行为是否符合家国情怀的要求。通过自我反思，让学生发现自己的不足之处，并努力加以改进。例如，在活动中让学生反思自己是否关心国家大事、是否积极参与社会公益活动等。

3. 鼓励学生自我教育

教师要鼓励学生进行自我教育，让学生在学习和生活中自觉培养家国情怀。可以通过制订个人成长计划、写心得体会等方式，让学生明确自己的目标和努力方向。例如，让学生制订"我的家国情怀成长计划"，并定期进行总结和反思。

（三）学校教育与家庭教育、社会教育相结合

1. 加强学校教育

学校要充分发挥班团教育活动的主阵地作用，将家国情怀教育融入日常教学和管理中。通过课堂教学、校园文化建设、社会实践活动等多种形式，加强对学生的家国情怀教育。例如，在校园内设置爱国主义教育宣传栏、开展爱国主义主题演讲比赛等。

2. 重视家庭教育

家庭是学生成长的第一课堂，家长要重视对孩子的家国情怀教育。可以通过言传身教、家庭活动等方式，培养孩子的爱国情感和社会责任感。例如，家长可以带孩子参观爱国主义教育基地、讲述家族历史等。

3. 整合社会教育资源

社会各界要积极为学生的家国情怀教育提供支持和帮助。可以整合博物馆、纪念馆、图书馆等社会教育资源，为学生提供更多的学习和实践机会。例如，博物馆可以举办针对学生的爱国主义教育展览和讲座活动。

总之，班团教育活动是培养学生家国情怀素养的有效途径。通过明确活动主题与目标、精心策划活动内容、合理组织活动形式、有效评估活动效果等实施路径，以及知识传授与情感激发相结合、榜样示范与自我教育相结合、学校教育与家庭教育及社会教育相结合等方法，可以有效地落实学生家国情怀素养的培养，为学生的成长和发展奠定坚实的基础。

五、班团教育活动的创新与实现

（一）教育形式的创新

在形式上，班团教育活动可以结合现代科技，运用虚拟现实技术、网络直播等方式，增强活动的趣味性与互动性。例如，开展"虚拟历史之旅"，让学生通过VR技术体验重大历史事件的现场感，激发他们的爱国热情。

（二）教育内容的拓展

班团活动的内容可以更广泛地融入社会热点和国家发展成就。例如，将"一带一路"倡议、科技创新等国家战略作为班团活动的主题，让学生在了解国家重大政策的同时，认识到国家发展的机遇和面临的挑战。

（三）学生自主性的提升

鼓励学生自主策划班团活动，增强他们的责任感和创新能力。在活动设计中，学生可以自主选择讨论议题，设计活动形式，甚至可以邀请家长或社会人士参与，共同讨论社会发展和国家命运，进一步激发他们的社会责任感。

（四）评价与总结的多样化

在班团教育活动的评价中，教师不仅要关注学生的参与度，还要重视学生的情感变化和思想转变。通过多样化的评价方式（如学生自我评价、同伴互评、教师反馈等），帮助学生更好地认识家国情怀教育的意义，并将其内化为自我行动。

随着教育环境的不断变化，班团活动需要在形式和内容上不断创新，以更好地适应新时代对学生思想道德教育的需求。

总之，班团教育活动作为培养学生家国情怀的重要载体，具有集体性、针对性、自主性和多样性等特点，在政治历史学科融合培养家国情怀中发挥着不可替代的作用。

通过明确主题与目标、精心策划内容、合理组织形式以及有效评估效果等实施路径，班团教育活动能够将政治历史知识与家国情怀教育紧密结合。在知识传授中激发学生的情感共鸣，引导学生在榜样示范下进行自我教育，并整合学校、家庭和社会教育资源，共同为学生家国情怀素养的提升创造良好环境。

班团教育活动不仅强化了政治历史学科知识的融合，深化了家国情怀教育，还促进了班级凝聚力的提升和学生综合素养的发展。在未来的教育教学中，我们应充分认识到班团教育活动的重要价值，不断探索创新活动形式和内容，让学生在丰富多彩的班团活动中深刻感悟家国情怀的内涵，将爱国之情、强国之志、报国之行融入自己的学习和生活中，为实现中华民族伟大复兴的中国梦贡献自己的力量。

第三节　学科融合活动

随着素质教育的深入推进，学科融合活动逐渐成为培养学生综合素养的重要教学形式。本节以政治与历史学科融合为研究对象，探讨如何通过学科融合活动在教学中有效培养学生的家国情怀。通过梳理学科融合活动的特点、目标、组织过程及评价方式，结合教学创新与实践，旨在为教育工作者提供培养学生爱国主义精神的具体思路和方法。

一、学科融合活动的特点与作用

（一）学科融合活动

学科融合活动是一种将多学科知识与能力整合，旨在打破学科壁垒，培养学生综合素质的教育形式。通过跨学科的学习，学生能够在多维度的学习过程中提升思维能力，深化对现实世界的理解。政治与历史学科融合活动通过将历史事件与政治理论相结合，引导学生从历史的角度理解国家政治制度与民族精神，从而培养他们对国家的深厚情感与责任感。

（二）学科融合活动的特点

1. 跨学科性

历史与政治学科紧密相连，历史事件的发生和发展往往受到政治因素的影响，而政治理念也在历史进程中不断演变。在融合活动中，学生可以通过分析历史上的政治制度变革（如从分封制到郡县制），理解不同政治制度的特点和影响。同时，政治学科中的民主、法治等观念也能在历史的长河中找到对应的发展脉络，帮助学生从跨学科的角度更全面地认识世界。

2. 实践性

开展实地考察、历史事件模拟等实践活动，让学生亲身体验历史与政治的结合。例如，组织学生参观革命纪念馆，了解近代中国的政治变革历史，感受先辈们为国家独立、民族解放所做出的努力。通过实践，学生能更好地将理论知识与实际相结合，加深对历史政治的理解。

3. 系统性与整体性

将历史和政治知识进行系统整合，形成一个完整的知识体系。从古代的政治制度到现代的国家治理，从世界历史中的政治冲突到和平发展，让学生全面了解历史政治的发展历程。同时，引导学生从整体上把握历史政治的相互关系，认识到历史的发展是一个连续的过程，政治在其中起着重要的推动作用。

4. 创新性

在融合活动中，采用创新的教学方法和手段。如利用多媒体资源展示历史政治的互动，开展小组讨论和辩论，激发学生的思维活力。还可以鼓励学生进行历史政治题材的创作（如编写历史短剧、撰写政治评论等），培养学生的创新能力和综合素养。总之，初中历史政治学科融合活动以其独特的特点，为学生提供了更广阔的学习空间，有助于提升学生的综合素质和历史政治学科的教学质量。

（三）学科融合活动的作用

1. 培养批判性思维与综合素养

历史政治学科融合活动为学生提供了丰富的思考素材。通过对不同历史时期政治事件的分析和讨论，学生学会从多个角度看待问题，培养批判性思维。例如，在探讨历史上的改革时，学生可以思考改革的背景、措施以及对国家和社会的影响，从而提升分析问题和解决问题的能力。同时，融合活动涉及多个学科领域的知识，有助于学生拓宽视野，提高综合素养，为培养家国情怀奠定坚实的知识基础。

2. 增强学生的家国情怀

历史和政治学科中蕴含着丰富的家国情怀教育资源。在融合活动中，学生可以了解到祖国悠久的历史、灿烂的文化以及历代仁人志士为国家富强、民族振兴而不懈奋斗的事迹。例如，学习中国近现代史，了解中国人民在反抗外来侵略、争取民族独立和人民解放的过程中所表现出的英勇无畏精神，能激发学生的爱国情感。同时，通过对当代中国政治制度和国家发展成就的学习，学生感受到祖国的强大，增强民族自豪感和自信心，进一步提升家国情怀。

3. 培养责任感与使命感

历史政治学科融合活动使学生深刻认识到个人与国家、社会的关系。通过了解历史上的重大事件和政治决策，学生明白自己作为国家的一员，肩负着重要的责任。例如，在学习环境保护、可持续发展等内容时，学生认识到自己有责任为保护祖国的生态环境贡献力量。同时，了解国家的发展战略和目标，让学生明确自己的使命，努力学习，为实现中华民族伟大复兴的中国梦而奋斗。初中历史政治学科融合活动对学生家国情怀的培养具有重要作用，能够帮助学生树立正确的世界观、人生观和价值观，成为有责任感、有使命感的新时代青年。

二、政史融合培育学生家国情怀

（一）活动目标聚焦家国情怀的培养

政治与历史学科的融合活动首先需要明确培养家国情怀的核心目标。通过历史认知与政治素养的培养，学生能够更加深刻地认识到国家的形成、发展与未来，进而增强他们的民族责任感与使命感。活动设计应始终围绕这一目标展开，帮助学生从历史的角度理解国家政策的逻辑和背景，并在政治学习中感悟国家治理的复杂性与重要性。

1. 知识层面

帮助学生深入了解国家的历史发展脉络、政治制度演变以及重要历史事件和人物，使学生认识到国家的兴衰荣辱与个人命运息息相关。例如，通过学习中国古代的盛世与乱世，让学生明白国家稳定繁荣对百姓生活的重要性；学习近代中国的屈辱史和抗争史，激发学生的民族自尊心和爱国热情。

2. 情感层面

培养学生对国家和民族的热爱、认同感与自豪感。通过讲述历史上的英雄事迹和爱国人物，如岳飞精忠报国、林则徐虎门销烟等，触动学生的心灵，让他们感受到先辈们的爱国情怀、民族气节和奉献精神。同时，引导学生关注国家的发展成就，增强民族自信心。

3. 价值观层面

帮助学生树立正确的国家观、民族观和历史观，培养学生的社会责任感和使命感。让学生明白作为国家的未来建设者，要肩负起传承历史文化、推动国家发展的重任。

（二）组织过程强调体验式学习

1. 情境教学与沉浸式体验

将历史事件与政治理论结合，通过情境化教学让学生在模拟和角色扮演中体验国家决策过程。例如，模拟重大历史事件的场景，让学生扮演历史人物，体验决策背后的复杂因素，增强对国家命运的理解。模拟古代朝堂议事，让学生体会不同政治立场的争论和决策的艰难；模拟近代爱国运动中的学生游行，让学生感受当时人们的爱国热情和抗争精神。

2. 参观与社会实践

组织学生参观历史遗址、博物馆等，通过实地教学让学生感受到国家历史的厚重感与文化传承的责任感。例如，参观抗战纪念馆或改革开放的标志性场所，增强学生对国家发展历程的感知和对家国情怀的认同。参观故宫、长城等古迹，让学生领略古代中国的辉煌建筑成就；参观都江堰等文化遗产，让学生深刻体会到古代人民的杰出智慧与和谐共生的理念。

3. 项目式学习

组织以国家政策为主题的研究项目，通过查阅文献、历史数据分析等方式，学生能够体验国家政策的制定与实施过程，从而加深对国家政治结构的理解。

4. 主题演讲与讨论

组织学生进行以家国情怀为主题的演讲和讨论活动。学生可以分享自己对历史事件和人物的感悟，以及对国家发展的思考。通过讨论，激发学生的思维碰撞，加深对家国情怀的理解。

（三）强化活动评价与总结

评价环节需要重点关注学生在活动中情感和价值观的变化。可以通过问卷、反思日志、演讲等形式，了解学生的历史认同感和责任意识。在评价过程中，注重学生如何在历史与政治的双重维度中逐渐形成对国家的深厚感情，并通过活动总结进一步强化这一情感。例如，学生通过撰写心得体会或小组讨论，对自身的家国情怀和责任意识进行反思和表达，从而提升对国家的归属感与认同感。

1. 评价标准

制定以家国情怀为核心的评价标准，包括学生对历史知识的掌握程度、对国家和民族的情感表达、参与活动的积极性和团队合作能力等方面。例如，评价学生在演讲和讨论中的表现时，重点关注他们对家国情怀的理解和表达是否深刻、准确。

2. 学生自评与互评

引导学生进行自评和互评，让学生反思自己在活动中的收获和不足。学生可以通过填写评价表、撰写心得体会等方式，对自己和同学的表现进行评价。在互评过程中，学生可以学习他人的优点，共同进步。

3. 教师评价与总结

教师对学生的表现进行全面评价，肯定学生的努力和进步，指出存在的问题和改进的方向。同时，教师要对活动进行总结，梳理活动中的亮点和不足，为今后的活动提供经验借鉴。在总结中，教师要再次强调家国情怀的重要性，鼓励学生将家国情怀融入日常学习和生活中。

通过历史政治学科融合活动，以明确的活动目标、体验式的组织过程和聚焦家国情怀的评价总结，能够有效地培养学生的家国情怀，使他们成为有责任感、有担当的一代。

三、政史学科融合活动的创新与实践

（一）创新跨学科项目设计

1. 主题式项目

围绕特定的历史政治主题，如"古代文明的政治制度与社会发展""近现代中国的政治变革与历史转折"等，设计综合性的学习项目。学生通过查阅资料、小组讨论、撰写报告等方式，深入探究与主题相关的历史事件和政治现象，理解两者之间的内在联系。

2. 案例分析项目

选取具有代表性的历史政治案例，如"雅典民主政治的兴衰""美国独立战争与宪法制定"等，引导学生进行案例分析。学生从历史背景、政治制度、社会影响等多个角度分析案例，培养跨学科思维和解决问题的能力。

3. 模拟活动项目

组织学生进行历史政治模拟活动，如"模拟联合国会议""古代朝廷议事"等。学生在模拟活动中扮演不同的历史政治角色，体验历史事件和政治决策的过程，增强对历史政治的理解和感悟。

4. 多学科综合项目

通过结合其他学科（如文学、地理等），让学生从多个角度理解历史与政治。例如，结合地理知识分析国家边界的形成，或结合文学作品探讨历史文化的影响，从而开阔学生的整体历史视野。

（二）社会实践与服务学习结合

1. 历史遗迹考察

带领学生参观历史遗迹、博物馆、纪念馆等，让学生实地感受历史的魅力和政治的影响。在考察过程中，引导学生思考历史遗迹所反映的政治制度、社会文化等问题，培养学生的观察能力和思考能力。

2. 社区服务项目

结合历史政治知识，组织学生参与社区服务项目，如"历史文化宣传活动""社区政治参与倡议"等。学生通过参与社区服务，将所学的知识应用到实际生活中，提高社会责任感和公民意识。学生参与到社区服务或地方项目中来，还能亲身感受国家政策的落地过程。例如，组织学生参与地方环境保护项目，与国家政策结合，提升学生的社会责任感和对国家政策的理解。

3. 社会调研活动

开展与历史政治相关的社会调研活动，如"当代公民政治参与度调查""家乡历史文化资源保护现状调研"等。学生通过调研活动，了解社会现实，培养了实践能力和研究能力，同时也为社会发展提供了有益的建议。

4. 地方历史与国家发展融合项目

通过研究地方历史，理解地方与国家的互动与贡献，增强学生对祖国的归属感。例如，研究地方的革命历史，了解家乡在国家发展中的作用。

（三）教师角色与教学方法的革新

1. 教师作为引导者

教师在学科融合活动中不再是知识的传授者，而是学生学习的引导者。教师通过提出问题、引导讨论、提供资源等方式，激发学生的学习兴趣和主动性，帮助学生自主探究历史政治知识。

2. 合作学习教学法

采用合作学习的教学方法，将学生分成小组，共同完成学习任务。在小组合作中，学生可以相互交流、相互学习，培养团队合作精神和沟通能力。教师可以通过组织小组讨论、小组展示等活动，促进学生之间的合作与交流。

3. 项目式学习教学法

运用项目式学习的教学方法，让学生在完成项目的过程中学习历史政治知识。教师可以根据学生的兴趣和能力，设计不同的项目任务，让学生在项目实施中体验学习的乐趣和成就感。

4. 多媒体教学手段

利用多媒体教学手段（如图片、视频、音频等），丰富教学内容，提高教学效果。教师可以通过播放历史纪录片、政治新闻报道等，让学生更加直观地了解历史政治事件，增强学生的学习兴趣和参与度。

5. 数字化资源的运用

利用虚拟现实（VR）等现代科技手段，将历史事件与政治决策再现于课堂中，增强学生的沉浸感和历史体验感。例如，通过VR技术模拟历史战场或重大政治决策场景，帮助学生更直观地理解历史事件背后的国家发展逻辑。

6. 多元化评价方式

除了传统的笔试，教师可以通过项目展示、口头报告等方式进行综合评价，考查学生的家国情怀发展情况以及综合能力情况。

总之，政治与历史学科融合活动的创新与实践需要不断探索和尝试。通过创新跨学科项目设计、社会实践与服务学习结合以及教师角色与教学方法的革新，可以为学生提供更加丰富、有趣的学习体验，培养学生的综合素养和家国情怀。

初中历史政治学科融合活动是一种富有创新性和实践价值的教学模式。通过跨学科性，将历史与政治紧密结合，打破了传统学科的界限，为学生提供了更广阔的知识视野和更深入的思维空间。实践性的活动设计让学生在亲身体验中感受历史与政治的魅力，增强了学习的趣味性和参与度。系统性与整体性的知识整合有助于学生建立完整的知识体系，更好地理解历史与政治的相互关系。创新性的教学方法和项目设计激发了学生的学习热情和创造力。

在培养学生家国情怀方面，历史政治学科融合活动发挥了重要作用。通过聚焦家国情怀的活动目标、强调体验式学习的组织过程以及聚焦家国情怀的评价与总结，学生在知识、情感和价值观层面都得到了深刻的培养。学生不仅掌握了丰富的历史政治知识，更增强了对国家和民族的热爱、认同感与自豪感，树立了正确的国家观、民族观和历史观，培养了社会责任感和使命感。

总之，初中历史政治学科融合活动是一种值得推广和深入研究的教学模式。它为学生的全面发展提供了有力支持，为培养有责任感、有担当的新时代青年奠定了坚实基础。在未来的教学实践中，我们应不断探索和创新，进一步完善历史政治学科融合活动，使其在培养学生家国情怀和综合素养方面发挥更大的作用。

第四节　游学与研学活动

在当今教育改革不断深化的背景下,培养学生的核心素养已成为教育的重要目标。核心素养涵盖了学生在知识、技能、情感、态度、价值观等多个方面的综合发展,旨在使学生具备适应未来社会发展的关键能力和品质。游学与研学活动作为一种创新的教育方式,将学习与实践相结合,为学生提供了更广阔的学习空间和更丰富的学习体验。而政史融合的游学与研学活动,更是将政治学科和历史学科的知识与实践活动紧密结合,有助于学生在实践中深入理解政治与历史的关系,培养学生的家国情怀、社会责任感和综合素养。

一、游学与研学活动及其特征

（一）游学活动

游学是指离开自己熟悉的环境,到另一个全新的环境里进行学习和游玩。它既不是单纯的旅游,也不是纯粹的学习,而是在游中学、学中游。在游学过程中,参与者可以亲身体验不同地区的文化、风俗和生活方式,从而拓宽视野、增长见识。

游学的特点主要包括以下几个方面。

注重体验和感受。通过实地走访、参观名胜古迹、体验当地生活等方式，让参与者直观地感受不同文化的魅力。这种体验式学习能够激发学生的学习兴趣和好奇心，使他们更加主动地去探索和发现知识。例如，当学生走进古老的历史名城，漫步在石板路上，触摸着古老的城墙，他们能够亲身感受到历史的厚重与沧桑。这种直观的感受会在学生心中留下深刻的印象，激发他们对历史的兴趣和热爱。

具有一定的灵活性。游学的行程安排相对较为自由，可以根据参与者的兴趣和需求进行调整。这使得游学活动能够更好地满足不同学生的学习需求和兴趣爱好。比如，对于对历史文化感兴趣的学生，可以安排更多的时间参观博物馆、古迹等；而对于喜欢自然风光的学生，可以增加一些自然景观的游览。这种灵活性能够让学生在游学中更好地发挥自己的主动性和创造性，提高学习效果。

可能涉及跨文化交流。参与者有机会与来自不同地区、不同文化背景的人交流互动，提高跨文化沟通能力。在全球化的时代，跨文化交流能力越来越重要。游学活动为学生提供了一个与不同文化背景的人交流的平台，让他们能够了解不同国家和地区的文化差异，增进相互之间的理解和友谊。通过与外国学生交流，学生可以锻炼自己的英语表达能力和跨文化沟通能力，拓宽自己的国际视野。

（二）研学活动

研学即研究性学习，是一种以学生为中心，在教师和学生共同组成的学习环境中，基于学生原有的概念，让学生主动提出问题、主动探究、主动学习的归纳式学习过程。研学旅行则是将研究性学习与旅行体验相结合，让学生在实践中学习和成长。

研学的特点主要包括以下几个方面。

强调研究性和学习性。研学通常围绕特定的主题或问题展开,学生在教师的指导下进行深入的探究和学习。这种研究性学习能够培养学生的自主学习能力和创新思维能力。例如,在一次以"古代丝绸之路"为主题的研学活动中,学生可以通过查阅资料、实地考察、采访专家等方式,深入了解丝绸之路的历史、文化和经济意义。在这个过程中,学生需要自己提出问题、寻找答案,这培养了他们的自主学习能力和创新思维能力。

注重培养学生的综合能力。通过研学活动,学生可以提高自主学习能力、问题解决能力、团队协作能力等。在研学活动中,学生通常需要组成小组,共同完成任务。在这个过程中,他们需要学会分工合作、相互支持,提高团队协作能力。同时,学生还需要面对各种问题和挑战,学会分析问题、解决问题,提高问题解决能力。此外,研学活动还能够培养学生的自主学习能力,让他们学会主动获取知识、探索未知。

有明确的学习目标和任务。在研学开始前,教师会制订详细的学习计划和任务,学生在旅行过程中需要完成这些任务,以达到学习的目的。明确的学习目标和任务能够让学生更加有针对性地进行学习和探究,提高学习效率和质量。例如,在一次以"生态环境保护"为主题的研学活动中,教师可以制定以下学习目标和任务:了解生态环境保护的重要性、认识不同的生态系统、学习生态环境保护的方法等。学生在旅行过程中需要通过实地考察、实验研究、采访专家等方式来完成这些学习目标和任务。

二、政史融合的游学与研学活动

(一)知识与技能提升

对于政治和历史学科,学生在课堂上学习的往往是抽象的理论和过去发生的事件。通过游学与研学活动，学生可以实地参观历史遗迹、博物馆、政治活动场所等，将书本上的知识与现实场景相结合，从而更直观地理解政治制度的演变、历史事件的发生背景和影响。例如，在学习中国古代政治制度时，学生们可以参观故宫、颐和园等皇家宫殿和园林，了解古代帝王的统治方式和政治制度。在学习中国近现代历史时，学生们可以参观圆明园、侵华日军南京大屠杀遇难同胞纪念馆等历史遗迹，感受中国近代史上的屈辱和抗争。通过实地参观，学生能够更加深刻地理解历史事件的发生背景和影响，提高对政治和历史学科的学习兴趣和学习效果。

这种活动也有助于培养学生的综合素养，包括观察能力、分析能力、思考能力和表达能力。学生在游学与研学过程中，需要观察各种现象、收集信息、分析问题，并通过讨论、写作等方式表达自己的观点和感悟。例如，在参观博物馆时，学生需要仔细观察展品，收集相关信息，分析展品所反映的历史事件和文化内涵。在讨论和写作过程中，学生需要运用自己的思考能力和表达能力，将自己的观点和感悟清晰地表达出来。这种综合素养的培养对学生的未来发展具有重要意义。

同时，活动还能提高学生的团队合作能力和自主学习能力。学生在小组中共同完成任务，学会分工合作、相互支持；在自主探索的过程中，培养独立思考和解决问题的能力。例如，在一次以"红色革命圣地游学"为主题的活动中，学生可以组成小组，共同完成重走长征路、采访革命先辈等任务。在这个过程中，学生需要学会分工合作，发挥各自的优势，共同完成任务。同时，学生还需要在自主探索的过程中，学会独立思考和解决问题，提高自主学习能力。

第五章　聚焦素养的政史融合活动

（二）情感与价值观培育

政史融合的游学与研学活动可以让学生深入了解中华民族的悠久历史和灿烂文化，感受中国在不同历史时期的政治智慧和成就。例如，在参观故宫、长城等历史古迹时，学生能够感受到中华民族的伟大创造力和深厚的文化底蕴。在学习中国古代政治制度时，学生能够了解到中国古代政治家的智慧和谋略。这些都能够增强学生的民族自豪感和文化自信，激发他们对祖国的热爱之情。

通过了解历史上的政治事件和社会问题，学生可以更好地理解当今社会的发展和挑战，从而培养社会责任感。他们可以从历史中吸取教训，思考如何解决现实中的问题，为社会的进步和发展贡献自己的力量。例如，在学习中国近现代历史时，学生可以了解到中国人民在抗日战争、解放战争等历史时期作出的巨大牺牲和贡献。通过学习这些历史事件，学生能够更加深刻地理解当今社会的和平与稳定来之不易，从而培养社会责任感，为维护社会的和平与稳定贡献自己的力量。

（三）教育教学效果提高

丰富教学形式。传统的政治和历史教学以课堂讲授为主，形式较为单一。游学与研学活动为教学提供了新的形式和途径，使教学更加生动、有趣。教师可以将课堂搬到户外，让学生在实践中学习，提高教学效果。例如，在学习中国古代历史时，教师可以组织学生参观博物馆、古迹等，让学生在实地参观中感受历史的魅力。在学习政治学科时，教师可以组织学生参观政府机构、法院等政治活动场所，让学生了解政治制度的运行和政治决策的过程。这种教学形式的创新能够提高学生的学习兴趣和学习效果。

促进学科融合。政史融合的游学与研学活动有助于打破学科界限，促进学科之间的融合。政治和历史学科在很多方面具有密切的联系，通过整合两个学科的知识和学习方法，可以让学生更全面地认识人类社会的发展过程。例如，在学习中国近现代历史时，学生可以同时了解到中国近现代政治制度的演变和历史事件的发生背景。通过这种学科融合的学习方式，学生能够更加深入地理解政治和历史学科的知识，从而提高综合素养。

三、政史融合的游学与研学活动实施

（一）活动前的规划

1. 确定游学或研学的目的地和主题

根据学生的年龄、兴趣和学习需求，选择合适的目的地和主题。例如，可以选择历史文化名城、红色革命圣地、国际文化交流地等作为游学或研学的目的地，围绕历史、文化、政治等主题开展活动。在确定目的地和主题时，教师可以充分考虑学生的兴趣爱好和学习需求，让学生参与到决策过程中。这样可以提高学生的参与度和积极性，使活动更加符合学生的实际情况。

学校与教师可以通过以下方式来进行游学与研学活动，培养学生的家国情怀。

历史文化名城游学。前往国内的历史文化名城（如北京、西安、南京等）。参观故宫、长城、秦始皇兵马俑、明孝陵等历史古迹，了解中国悠久的历史和灿烂的文化。聆听导游讲解这些历史古迹背后的故事，感受古代王朝的辉煌和中华民族的智慧。参加当地的传统文化活动（如北

第五章　聚焦素养的政史融合活动

京的京剧表演、西安的皮影戏、南京的秦淮灯会等）。亲身体验传统文化的魅力，增强对民族文化的认同感。

红色革命圣地游学。走访井冈山、延安、遵义等红色革命圣地。参观革命纪念馆、遗址和故居，了解中国共产党领导人民进行革命斗争的艰苦历程。聆听革命先辈的事迹，感受他们的坚定信念和无私奉献精神。参加红色主题教育活动，如重走长征路、唱红歌等。通过亲身体验，深刻领会革命传统，激发爱国热情。

国际文化交流地游学。参加国际游学项目，前往不同国家进行文化交流。与当地学生一起学习、生活，了解其他国家不同的文化和风俗习惯。在交流中，展示中国的传统文化和现代成就，增强民族自豪感。参观国际知名的博物馆、艺术馆和历史遗迹，了解世界文化的多样性。同时，对比中国与其他国家的文化差异，更加珍惜和热爱自己的祖国文化。

家乡文化探究研学。以家乡为主题，开展文化探究研学活动。深入了解家乡的历史变迁、民俗风情、传统手工艺等。可以参观家乡的博物馆、文化馆、古建筑等，采访当地的老人和文化传承人，了解家乡的文化底蕴。组织学生进行家乡文化创意活动，如制作家乡特色手工艺品、编写家乡历史故事集、拍摄家乡文化纪录片等。通过这些活动，增强学生对家乡的热爱和认同感。

自然生态保护研学。选择国内的自然保护区、森林公园等作为研学基地。开展自然生态保护研学活动，了解自然生态系统的结构和功能，学习生态保护的方法和意义。参与生态保护实践活动，如植树造林、野生动物保护、垃圾分类等。通过亲身体验，培养学生的环保意识和社会责任感，增强对祖国自然生态的热爱和保护之情。

科技创新体验研学。参观国内的科技馆、高新技术企业等。了解中国在科技领域的创新成果和发展历程，学习科学知识和创新思维。参与科技创新实践活动，如机器人编程、3D打印、科技创新竞赛等。通过这些活动，激发学生的创新热情和对祖国科技发展的信心。

2. 制订详细的行程计划

考虑交通、住宿、餐饮等方面的安排，确保活动的顺利进行。同时，要合理安排时间，让学生有足够的时间进行参观、学习和体验。行程计划应该包括每天的活动安排、参观的景点、学习的内容等。在制订行程计划时，教师可以参考旅行社的线路安排，也可以根据自己的教学需求进行调整和创新。

与相关的景点、博物馆、学校等进行联系，了解参观要求和注意事项。提前预约讲解服务，确保学生能够获得专业的指导。在联系相关单位时，教师可以通过电话、邮件等方式进行沟通，了解参观的时间、人数、费用等方面的要求。同时，教师还可以要求相关单位提供专业的讲解服务，让学生在参观过程中能够更好地理解历史和政治知识。

3. 对学生进行安全教育

安全教育包括交通安全、饮食卫生、个人财物保管等方面。提醒学生遵守活动纪律，听从指挥。为学生购买必要的保险，确保学生在活动中的安全。安全教育是游学与研学活动中非常重要的一环。教师可以通过召开班会、发放安全手册等方式对学生进行安全教育。在活动过程中，教师要时刻关注学生的安全情况，及时提醒学生注意安全。

4. 为学生提供学习资料和任务清单

让学生在活动前对目的地的历史和政治背景有一定的了解，明确活动的学习目标和任务。学习资料可以包括书籍、文章、视频等，任务清单可以包括参观的景点、学习的内容、需要完成的作业等。通过提供学习资料和任务清单，学生可以在活动前做好充分的准备，提高学习效果。

第五章　聚焦素养的政史融合活动

（二）活动中的引导

引导学生观察、思考、记录。在游学与研学过程中，教师要引导学生仔细观察各种现象，思考问题的本质，并及时记录自己的感受和体会。可以通过提问、讨论等方式，激发学生的思维，提高学生的学习效果。例如，在参观博物馆时，教师可以提出一些问题，引导学生观察展品，思考展品所反映的历史事件和文化内涵。在讨论过程中，教师要鼓励学生积极发言，表达自己的观点和感悟。

培养学生的自主学习能力。鼓励学生在活动中自主探索、发现问题和解决问题。教师可以提供一些学习方法和资源，让学生学会自主学习。例如，在参观历史遗迹时，教师可以让学生自己查阅相关资料，了解历史遗迹的背景和意义。在自主探索的过程中，学生可以学会如何获取知识、如何分析问题、如何解决问题，提高自主学习能力。

促进学生的团队合作。组织学生进行小组活动，让学生在团队中共同完成任务。培养学生的团队协作能力、沟通能力和领导能力。例如，在进行研学活动时，教师可以将学生分成小组，让每个小组选择一个研究课题，进行深入的探究和学习。在小组活动中，学生需要学会分工合作、相互支持，共同完成任务。通过这种方式，学生可以提高团队协作能力、沟通能力和领导能力。

（三）活动后的总结与反思

组织学生进行总结和反思。活动结束后，教师要组织学生进行总结和反思，让学生分享自己的收获和体会。教师可以通过小组讨论、写作报告等方式，让学生对活动进行全面的总结。在总结和反思的过程中，教师要引导学生从知识与技能、情感与价值观、团队合作等多个方面进行总结，让学生对自己的学习和成长有一个全面的认识。

要求学生撰写游学或研学报告。学生在总结和反思的基础上，撰写游学或研学报告，记录自己的学习过程和收获。报告可以包括活动的目的、行程、学习内容、收获体会等。

总之，聚焦提高综合素养的政史融合游学与研学活动，不仅可以深化学生对政治和历史学科的理解，培养学生的综合素养和社会责任感，还可以丰富教学形式，促进学科融合，为学生的全面发展提供有力支持。

第六章

聚焦素养的政史融合案例

每个教学案例和活动案例都是独一无二的,蕴含着丰富的教学经验和智慧。案例总结是教师专业发展的重要途径之一。本章通过总结和反思,帮助教师在政史融合中提升自己的教学理念、教学技能和教学策略。

第六章　聚焦素养的政史融合案例

第一节　政史融合教学案例

初中道德与法治与初中历史教学融合，是培育学生家国情怀的主要途径。我们在融合教学实践中进行了一系列探索，形成了一些典型案例，这从一个侧面印证了我们的研究过程，彰显了我们研究的一些实践成果。

案例一：《走绿色发展之路》教学设计

一、教学内容分析

本节课的教学内容主要围绕"两次工业革命"展开，旨在帮助学生全面理解该事件对当时社会政治、经济、文化和环境等方面的影响。同时，结合教材的相关章节，对涉及的政治理论进行梳理和解析，使学生能够在掌握基础知识的同时，进一步提升其历史分析和政治理解的能力。

在教学内容的选择上，我们注重选取两次工业革命导致的环境污染问题这一具有代表性和启发性的历史事件，这些事件不仅与教材内容紧密相关，而且能够引发学生的兴趣和思考。通过对这些事件的深入剖析，期望能够帮助学生建立起政史之间的联系，形成跨学科的知识体系。

在政治理论方面，本节课涉及九年级上册道德与法治第六课《建设美丽中国》的第一目"正视发展挑战"。通过学习"正视发展挑战"，对我国人口、资源和环境的基本特点及现状有了一定了解，认识到人口、资源和环境问题对我国经济社会发展造成的影响，明确应以积极面对的态度去解决发展中出现的问题。同时，结合具体的现实案例——坪塘矿坑"变形记"，对理论进行生动形象的阐释，使学生能够更好地理解和掌握。

在历史事件方面，本节课选取了"两次工业革命"中具有代表性的重大事件作为教学重点。通过对两次工业革命的起因、经过、结果以及影响等方面的详细梳理，使学生能够全面了解该事件的全貌。同时，引导学生思考两次工业革命带来的环境污染问题如何解决，培养其跨学科思维和综合分析能力。

二、学生学情分析

从学生知识储备方面来看，学生在之前的学习中已经掌握了一定的政治和历史基础知识，具备了一定的分析和理解能力。然而，由于政史融合教学对学生的跨学科思维要求较高，部分学生在理解政治理论与历史事件之间的联系时可能存在一定的困难。因此，在教学中我们注重通过案例分析、小组讨论等方式引导学生深入思考，帮助他们建立政史之间的联系。

从学生兴趣特点方面来看，学生对历史事件通常具有较高的兴趣，尤其是那些具有传奇色彩或影响深远的事件。因此，我们选择了能够引发学生兴趣的"两次工业革命"，并通过生动的讲述和丰富的图片资料来激发学生的学习兴趣。同时，我们也注重引导学生从政治的角度审视历史事件，培养他们的政治素养和跨学科思维。

我们期望能够帮助学生更好地掌握政史知识，提升他们的历史使命感和政治素养，培养具有跨学科思维和综合能力的现代公民。

三、核心素养目标

本节课设计目标主要包含三个方面：（1）了解两次工业革命的巨大成就，认识到工业革命带来了巨大的社会生产力，推动了社会的进步，但同时也给社会造成了非常严重的环境污染问题；（2）理解坚持走绿色发展道路的要求，并在日常生活中自觉践行，学会与自然和谐共生；（3）联系实际，明确我国建设生态文明和走绿色发展道路的必要性，增强在日常生活中践行低碳环保理念的意识和能力。把家国情怀融入生活，增强建设美丽中国的责任感和使命感。

四、教学重点与难点

教学重点：建设生态文明，走绿色发展道路的方法和行动。
教学难点：正确处理经济发展与生态环境保护的关系，建设美丽中国。

五、教学过程

【导入新课】

请同学们仔细思考伦敦的巨变从何而来？

【新课讲授】

环节一：了解两次工业革命的成就

请同学们分成小组，根据这张表格，复习梳理两次工业革命的成就。

	第一次工业革命	第二次工业革命
时间	18世纪60年代—19世纪中叶	19世纪六七十年代—20世纪初

续表

	第一次工业革命	第二次工业革命
领先国家		
主要成就		
新能源		

环节二：分组集智探究工业革命促进社会发展

工业革命发生之后人类社会发生了哪些变化呢？老师会给各小组依次推送材料，请同学们根据接收到的材料进行讨论，由小组代表进行集中分享。

第一组：根据材料一描述工业化带来的影响。英国和德国人口增长最快的时期分别是什么时候？原因是什么？

英国人口增长最快的时期是1801—1851年，德国是1851—1881年，分别是第一次工业革命和第二次工业革命时期。

第二组：根据材料二的图表思考为什么英国城市人口百分比最大，这说明什么问题？

19世纪中期英国率先完成工业革命，推动城市化进程；工业化程度越高的国家，城市人口比例越大。

第三组：结合材料三和材料四思考工业革命会给世界带来什么影响？

工业革命极大地提高了社会生产力水平。

环节三：扩展工业革命造成了严重的环境污染问题

通过同学们的小组集智分享，我们了解到工业革命促进了人口的大量增长，城市化进程加快，极大地提高了社会生产力水平。但同时它也造成严重的环境污染问题。

1879年，日本发生了足尾铜矿矿毒事件，明治维新后，足尾铜矿采用当时欧洲先进的采矿技术，占日本铜产量的40%。但随之而来的是严重

第六章　聚焦素养的政史融合案例

的环境破坏问题。冶炼产生的烟害导致森林植被枯萎死亡，同时滥伐森林用作燃料，使得周边成为秃岭荒山，破坏了生态平衡，招致山洪频发。矿山大量的废石、矿渣和含有毒重金属的酸性废水排入矿山附近的渡良濑河下游。自1885年起，河里的香鱼大量被污水毒死，鲤鱼捕获量剧减，河流两岸的农地与农作物都受到毒气、毒水严重污染。

依次展示伦敦烟雾事件，海洋中的白色污染（视频展示），日本水俣事件（视频展示）。

通过以上事件，我们发现，文明创造了自己的奇迹，而文明人几乎变成了野蛮人。那我们国家在建设社会主义现代化强国的道路上是如何协调经济发展与环境保护的关系的呢？下面有请温老师带我们了解一个实例。

环节四：呈现坪塘矿坑的先后对比图片

教师活动：

1. 展示——废弃矿坑的图片，让同学们猜一猜这是什么？

2. 提问——要如何改造才能实现变废为宝，让矿坑重新焕发价值？

3. 揭秘——湘江欢乐城的现有照片，借前后对比，思考产生这一变化背后的原因。

学生活动：

1. 观察图片，通过"猜一猜"活动调动学生的积极性。

2. 进入角色模拟，思考并回答教师的提问——如何实现闲置矿坑的变废为宝？

3. 学生从生活实际出发，引入生活经验，由废弃矿坑命运的变迁探讨变废为宝的原因。

环节五：从坪塘"灰色的记忆"中辨析人与自然和谐共生（议题一）

教师活动：

1. 回忆往昔，举例说明开矿、建化工厂给坪塘带来的经济效益。

2. 展示图片，直观展现过度攫取资源、污染环境的发展道路给当地居民生活造成的不便、对生态造成的破坏。

3. 引导学生思考，作为当地居民，如何面对坪塘的现状？

学生活动：

1. 通过重温坪塘"灰色的记忆"，学生直观地感受开矿、建化工厂带来的影响（积极影响、消极影响），学会辩证地看待事物的发展。

2. 通过呈现的问题（资源消耗、环境破坏），从个人角度思考对策，落脚到"怎么做"才能更好地解决民生问题。

环节六：从坪塘"旧貌换新颜"中论述走绿色发展道路（议题二）

教师活动：

1. 播放视频，感受经过顶层设计改造后的坪塘的全新面貌。

2. 展示材料，共同探寻坪塘是如何走上绿色发展道路的？

学生活动：

1. 通过对比，直观认识"绿水青山就是金山银山"，保护生态环境就是保护生产力，改善生态环境就是发展生产力。

2. 从坪塘的发展中寻找坚持走绿色发展道路应该坚持和倡导的方式。

环节七：做新时代有为少年，为建设美丽校园建言献策（议题三）

教师活动：引出以"共建绿色学校　乐享低碳生活"为主题的生态文明教育活动，让学生通过"写一写"的活动，为建设美丽校园贡献个人智慧，引导学生上台进行展示和说明。

学生活动：

1. 探讨为了共建美丽校园，作为学生，在日常生活中可以做些什么。

2. 借助倡议书的形式将想法记录下来。

要求：逻辑清晰、语言流畅、具体可行、符合绿色发展理念。

第六章 聚焦素养的政史融合案例

教学反思

通过本次公开课的教学实践，我们深刻体会到了政史融合教学的优势与不足，并对未来的教学改进与展望有了更为清晰的认识。

政史融合教学的优势在于它能够有效地提升学生的综合素养和跨学科思维能力。通过政治理论与历史事件的有机融合，学生能够在学习过程中形成完整的知识体系，提升对问题的认识和理解能力。同时，政史融合教学还能够激发学生的学习兴趣和积极性，提高他们的学习效果和成绩。

对历史的回顾，我们明确不要走以牺牲环境换取经济发展的老路，要走一条绿色发展的道路，一条能帮助我们实现中华民族伟大复兴的道路。把家国情怀根植于学生心中，为实现中国梦凝聚力量。

政史融合教学是一种有效的教学策略，能够提升学生的综合素养和跨学科思维能力。在未来的教学中，我们将继续探索和实践政史融合教学的理念和方法，为学生的全面发展贡献自己的力量。

案例二：《跨越一师历史长河，家国情怀熠熠生辉》教学实录

一、核心素养目标

政治认同：了解青年毛泽东等革命家求学救国的历程，体会革命精神，弘扬传统美德和民族精神，具有强烈的中华民族自豪感，培养学生的家国情怀；能够践行和弘扬社会主义核心价值观，增进中华民族的价值认同和坚定文化自信。

道德修养：通过参观学习毛泽东在第一师范求学时期的良师熏陶和益友砥砺的故事，感受热爱祖国、自强不息的传统美德，结合生活中的典型

事例，学习继承和发扬爱国主义精神。

法治观念：了解在享有权利的同时，要自觉履行法定义务。

健全人格：在与历史的对话中，了解湖湘文化，坚定文化自信；传承革命先辈敢为人先的进取精神，培育直面曲折和挑战的担当精神。

责任意识：关注社会、服务社会、奉献社会，能在社会实践中体现责任担当。

二、教学方法

情境教学法、体验教学法、实践教学法。

三、教学过程

环节一：走近一师历史，导入主题

首先由学校校长介绍湖湘文化，致敬革命先烈敢于担当的家国情怀。之后由教师带领学生走进湖南省立第一师范学院旧址，实地参观和体验革命旧址，重温党史故事，回眸党史印迹。历史老师从历史的角度实地讲解一师的创建和前身，讲述一师这一部悠久的教育史亦是波澜壮阔的革命史，让学生了解一师历史，激发实践学习的兴趣。

环节二：立志——一师八班点燃理想

活动：历史情景剧

历史背景：1913年，教育界有了新思想的萌芽，在湖南第一师范本科八班，杨昌济先生正在给同学们上第一节修身课。

杨昌济：同学们，今天是我们的第一堂课，我想和大家谈谈修身。古人云：修身齐家治国平天下，而修身的第一要务是立志。我想听听大家的志向是什么？

周世钊：老师，我认为教育是立国之本，教育能振兴一个国家，所以我想成为一名校长，为国家培养优秀人才。

罗学瓒：老师，我的志向是为国为民舍生取义，国家有难时奋不顾身，要有利于人民、国家。

蔡和森：使社会成为一个公平的社会，使社会中的人成为平等的人。

毛泽东：老师，我还不知道自己的志向是什么。老师，您能谈谈您的志向吗？

杨昌济：我无当官之念，无发财之想，愿于诸君中得一二良才，为积贫积弱的中国撑起一片自强的天空。你还没回答我的问题，希望你能在毕业时回答我！

毛泽东：我答应你。（全体学生鼓掌）

老师总结：后来，毛泽东对老师杨昌济说出了自己的志向，他说："我要为中国千千万万的贫苦老百姓奋斗，为中国的未来而奋斗。"

在早期党史人物成长的道路上，杨昌济先生言传身教，成功培养了一批以毛泽东为代表的"柱长天大木"。这是民国教育家的情怀。穿过百年风雨，毛泽东等一代青年将自身命运与祖国紧紧相连的家国情怀，被代代传承下来。如今我们踏上了实现中华民族伟大复兴的新征程，面对新的机遇和挑战，我们也应立下远大志向，将自己的理想同中国梦联系在一起，心怀家国情怀，关心国家兴亡，勇担民族使命。志向何以实现，还须我们立身行道以护国。

环节三：立身——水井锻炼强固身心

活动：重温"毛氏六段操"，历史场景再现

杨昌济：同学们，我们为什么要坚持体育锻炼？

毛泽东："欲文明其精神，先野蛮其体魄，苟野蛮其体魄矣，则文明之精神随之。"以精神凝聚国民爱国之心，以体育塑造国民强健体魄，才能培养出强健的国民，才能真正强国。

老师：毛泽东在青少年时期，为了能够完成历史赋予自己的伟大使命，迎接挑战，坚持锻炼身体，砥砺意志。同时，他号召青年同学强身健体，为国为民。体育强则中国强，国运兴则体育兴。体育承载着国家强盛、民族振兴的梦想，关乎人民幸福，关乎民族未来。今天的中国，站在新的起点上，正在加快体育强国建设。2023年我们承办了成都大运会和杭州亚运会，运动健儿们在赛场上飒爽英姿，在浓厚的爱国情怀中立身立业，为实现伟大中国梦注入源源不断的活力和动力。

环节四：立新——良师益友守正创新

活动：跨时空对话

蔡和森：面对敌人的屠刀，我知道自己再也不能为中国奋斗，为民族奋斗了。但只要生存一天，我就要为理想呼喊——我可爱的家与国！

向警予：可爱的中国是你的母亲，也是我的母亲。她贫穷落后多年，惨遭列强的蹂躏，作为儿女，谁不为她痛心？谁不为她奋起抗争？哪怕流血牺牲！

学生1：先辈们，你们的鲜血没有白流，如今的中国，伟大的新中国已经站起来了，她屹立于世界民族之林。

学生2：我多想带你们看一看现在的新中国，C919大飞机展翅万米高空，神舟系列飞船往返太空，天宫空间站建立于浩瀚星空，嫦娥已带回月壤，天问已登陆火星。我多想带你们看一看，"奋斗者"号实现了万米深潜，国产航母劈波斩浪，守卫着海疆。

学生3：我多想带你们看一看，现在的一师，仍然书声琅琅。老百姓的幸福笑脸，看一看祖国的绿水青山，到处都是鸟语花香。

蔡和森：我欣慰新中国的梦想曾经如此遥远，现在又如此真切；我欣慰我们伟大的母亲曾经备受压迫，现在扬眉吐气。

老师：历史长河波澜壮阔，一代又一代人接续奋斗，创造了今天的中

第六章　聚焦素养的政史融合案例

国。站在新的历史起点上，我们正迈向未来。"恰同学少年，风华正茂"，同学们，我们要常思先辈之志，传承敢于担当的家国情怀，锻炼坚韧不拔的意志，养成守正创新的精神，去奋力实现中华民族伟大复兴的中国梦！

活动：朗诵《少年中国说》

今日之责任，不在他人，而全在我少年。少年智则国智，少年富则国富，少年强则国强，少年独立则国独立，少年自由则国自由，少年进步则国进步，少年胜于欧洲则国胜于欧洲，少年雄于地球则国雄于地球。

教学反思

身临其境的红色实践教学活动，往往更能激发学生的家国情怀，本节课由四个环节组成。

环节一：通过走进革命文化旧址，讲述革命人物历史，带领学生一起走进有风景的思政课堂，追忆历史往昔，启迪学生联系自身实际，传承中华优秀传统文化，感悟青春理想、家国情怀。

环节二：通过学生情景演绎，将当时一师八班上第一节修身课的场景呈现至学生眼前，并将学生置于情境中去对话交流，使学生充分感受到当时毛泽东、蔡和森等一师有为青年的青春理想，感受到杨昌济先生的爱国主义教育情怀，激发学生对青春理想的思考，对家国情怀的敬仰。

环节三：在毛泽东曾经于一师坚持每日锻炼的水井旁练习"毛氏六段操"，来感受一百余年前青年毛泽东的奋斗历程，为了救国救民的决心和坚持。号召青年同学强身健体，体现了青年毛泽东高瞻远瞩的视野，让学生感受中国人的昂扬志气、坚强骨气、深厚底气。教师介绍在国家积贫积弱的背景下，以毛泽东为代表的共产党先驱率先认识到体育的功能与价值。新时代，体育将成为中华民族伟大复兴的标志性事业，启示学生要文明其精神，野蛮其体魄，坚持锻炼，培养自己的体力与意志。

环节四：国家要富强，民族要振兴，需要一代又一代有志向、强毅力、敢创新的中国青年接续奋斗。通过在良师益友雕塑群这个场景进行跨时空对话，让学生感受到在新时代中华民族迎来了从站起来、富起来到强起来的伟大飞跃，迎来了伟大复兴的光明前景，而实现中华民族伟大复兴仍然需要进行新的伟大斗争。《少年中国说》的诵读激发斗志，当代青年要把自己锻造成为堪当大任的人才，就要传承以青年毛泽东、蔡和森等为代表的前辈青年的家国情怀和责任担当，为实现中华民族伟大复兴的中国梦而接续奋斗！

案例三：《实现中华民族伟大复兴的中国梦》教学实录

一、教学目标

1. 通过对比奥运梦，论证中国梦与个人梦的辩证关系，增进对中国梦的情感认同和行动自觉。

2. 通过代言外交梦，在批驳"中国威胁论"的同时理解中国梦与世界的关系，提升论证与分析问题、辨析与评价问题的能力，弘扬科学精神，涵养爱国情怀。

3. 通过重温建党梦，认同中国共产党人的初心和使命，坚定拥护中国共产党的领导。

4. 通过描绘强国梦，探究实现中国梦的国家行动，进而引导学生把个人梦想融入中国梦的进程中，激发学生的爱国情、强国志、报国行。

二、教学重难点

教学重点：中国梦与人民、与世界、与中国共产党的关系。
教学难点：实现伟大梦想的国家措施。

三、教学过程

【课堂导入】

教师：2021年，在中国共产党和中华民族历史上，都是重要的年份，为什么？

学生：建党一百周年；我国全面建成了小康社会，历史性地解决了绝对贫困问题。

教师：建党百年，我们完成了第一个百年奋斗目标。这让我们今天比以往任何时候都更加有信心、有能力实现我们的中国梦。请大家说出中国梦的本质内涵。

学生：国家富强、民族振兴、人民幸福，实现中华民族伟大复兴。

教师：本节课我们将在初中学习的基础上，以穿越时空去对话的方式，通过对比奥运梦、代言外交梦、重温建党梦来描绘当下的强国梦，实现以史为鉴、观照现实、开创未来。

活动一：对比奥运梦

学科内容：中国梦与个人梦的辩证关系

教师：假如你穿越到1932年的奥运会开幕式现场，你的心情会怎样？

学生1：别的国家声势浩大，而我们的国家只有一个人去参赛，我觉得抬不起头，有点自卑。

教师：今年，你的心情又会怎样？

学生2：我看到声势浩大的队伍，感到无比的自豪、骄傲。

【情境创设】

材料一：1932年，刘长春代表中国第一次参加奥运会，当时报纸上写道："我中华健儿，此次单刀赴会，万里关山，此刻国运艰难，愿诸君奋勇向前，愿来日我等后辈远离这般苦难！"

材料二：2021年，东京奥运会100米半决赛，苏炳添以9秒83破亚洲纪录。他赛后接受采访时说："我们还要完成我们的中国梦，就是在东京赛场上扬起我们的国旗，我认为中国男子4×100米接力队非常有机会站在领奖台上。"

【研讨任务】

有人说："中国梦是镜中花、水中月，是空洞的口号，与个人梦没有关系。"请你结合材料和生活实际加以反驳。

学生3：中国梦需依靠人民来实现，虽然刘长春没能获奖，但在国运艰难时单刀赴会，让中国人第一次出现在奥运会上，这就是为国争光。而今，在东京奥运会上，苏炳添不仅完成了个人的体育梦想，更为国家赢得了荣誉。

教师追问：你的举例都是杰出人物，但生活中更多的是平凡的普通人，中国梦的实现可以依靠普通老百姓吗？

学生4：实现中国梦不仅依靠杰出人士，也需要每一个普通的中国人。比如抗疫期间，青少年在社区宣传、志愿者入户排查、党员同志冲锋在前、快递小哥送物品，无论是80多岁的钟南山院士还是刚入职的不知名的医生护士，他们都用自己的劳动守护了国家的平安。

教师总结：我们每一个中华儿女都应有一分光发一分光，有一分热发一分热，个人的星星之火就能汇聚成实现中国梦的蓬勃力量。但大家都只强调中国梦依赖于个人的奋斗，难道中国梦的实现对个人没有好处吗？

学生5：1932年，国运艰难，刘长春单刀赴会，长途奔波，成绩不佳；而今我们国家繁荣昌盛，为运动员参加比赛提供了坚实的后盾，取得了奖牌榜第二的好成绩。

教师：回答得太棒了。想起电影《战狼2》中护照上的一段话："中华人民共和国公民，假如你在海外遭遇危险，请你千万不要放弃，因为在你的身后有一个强大的祖国。"大家说护照上有这段话吗？

学生：齐声回答"有"。

教师总结：这是电影的剧情，护照上其实没有，但是大家都相信，为什么？因为这不是留在纸面上的口号，而是国家最切实的行动，国家用一次次的暖心行动让这句话深入人心。所以，中国梦与人民息息相关：一方面，人民是中国梦的创造者，国家发展依赖于我们每一位中国人特别是同学们的接续奋斗；另一方面，中国梦的实现为我们个人的生存与发展提供了机会，激发了我们作为中国人的自信。

活动二：代言外交梦

学科内容：中国梦与世界的关系

【情境创设】

材料：一百余年前，八国联军侵华，清政府被迫在丧权辱国的《辛丑条约》上签字。慈禧太后说："量中华之物力，结与国之欢心。"2021年中美高层战略对话，面对美方的傲慢施压，杨洁篪掷地有声地反击："美国没有资格居高临下同中国说话，中国人不吃这一套！"

【学科任务】

中国人从卑躬屈膝到据理力争，中国再也不是一百年前的中国了。于是，有外国记者炒作说："中国实力增强后给其他国家带来极大影响，中国梦实质是霸权梦，是其他国家的噩梦！"假如你是外交部发言人，请有理有据地加以反驳。

学生1："穷则独善其身，达则兼济天下"，中国是这样说的，也是这样做的。新冠疫情暴发后，中国在自身疫情得到控制的同时，捐赠口罩、外派医疗队、援助疫苗，为全球抗疫贡献了力量。

学生2：中国始终坚持互利共赢，从未通过掠夺来发展自己。我们倡导构建人类命运共同体，在上海举办世博会为各国经贸交流搭建平台。

我们在非洲援建铁路、交流技术、培养人才，帮助发展中国家脱贫致富。

教师追问：两位外交官的回答展现了和平友好的国家形象。但中国有没有什么时候理直气壮地对外国施加在他们看来是不利的影响？

学生3：当外国侵犯我国的主权、安全和发展利益时，比如某国抹黑新疆棉是强制劳动、歪曲中国治理香港乱象的政策，中国就会坚决予以反击。

学生4：比如某国扣押孟晚舟女士，企图打压华为，遏制中国的高新技术发展，我们就会抗争到底，不惜动用国家力量保护国民的安全和自由。

教师追问：中国坚守"人不犯我我不犯人，人若犯我我必还之"的原则，和世界同呼吸、共命运。既然中国梦造福了世界，有些国家还要炮制"中国威胁论"，居心何在？

学生4：想要阻断中华民族实现伟大复兴的进程，我们坚决不答应。

教师总结：习近平总书记在七一讲话中说："中国人民从来没有欺负、压迫、奴役过其他国家人民，过去没有，现在没有，将来也不会有。同时，中国人民也绝不允许任何外来势力欺负、压迫、奴役我们，谁妄想这样干，必将在14亿多中国人民用血肉筑成的钢铁长城面前碰得头破血流！"由此可见，中国梦是和平与发展、合作与共赢的梦，中国梦与世界人民的愿望息息相通。

活动三：重温建党梦

学科内容：实现中国梦要跟党走

【情境创设】

播放电视剧《觉醒年代》中陈独秀和李大钊相约建党的片段。

【学科任务】

历史已经证明并将继续证明，没有中国共产党的领导，民族复兴必然是空想。请你结合视频《觉醒年代》中的建党梦和历史知识，谈谈你对这句话的理解。

第六章 聚焦素养的政史融合案例

教师：视频中哪一段最触动你？

学生：在积贫积弱的国家，老百姓命苦，但那个老人说，习惯了。陈独秀为苦难深重的百姓痛哭流涕，他要为每一个人有尊严地活着而建党。

教师追问：由此可见，中国共产党的初心和使命是什么？中国共产党的奋斗历程做到了吗？

学生：中国共产党人的初心和使命是为中国人民谋幸福，为中华民族谋复兴。党的奋斗历程践行了建党的初心和使命。在新民主主义革命时期，中国共产党带领人民推翻了"三座大山"，让人民站起来了。在社会主义建设时期，完成了三大改造，建立了社会主义制度，摆脱了一穷二白的境遇。改革开放以后，以经济建设为中心，带领人民富起来了。新时代，中国共产党继续带领人民为实现中华民族伟大复兴的中国梦而奋斗。

教师总结：由此可见，实现中华民族伟大复兴要继续巩固党的领导核心地位，发挥党总揽全局、协调各方的作用。党的十九大围绕强国梦，提出"两个阶段"的战略安排是什么？

学生：从2020年到2035年基本实现社会主义现代化；从2035年到本世纪中叶，把我国建成富强民主文明和谐美丽的社会主义现代化强国。

活动四：描绘强国梦

学科内容：实现中国梦需要国家行和青年行

【情境创设】

1935年1月29日，方志敏被国民党俘获，他严词拒绝了劝降，后被秘密杀害，时年36岁。方志敏在狱中写下《可爱的中国》，展望了富强中国的壮丽愿景："到那时，到处都是活跃的创造，到处都是日新月异的进步，欢歌将代替了悲叹，笑脸将代替了哭脸……"

【学科任务1】

1935年在狱中的方志敏憧憬着"可爱的中国"。2035年我们将基本实现社会主义现代化。请为方志敏烈士描绘2035年现代化国家的盛世景象，以及探讨国家如何实现这样的目标？要求组内交流，推选代表发言。

学生代表：今日之中国如您所愿般可爱，在祖国的大地上处处有欢声笑语，处处有鸟语花香。在党的领导下，在人民的创造下，铁路进青藏、高峡出平湖、港口连五洋、神舟邀太空、国防更坚强。为此，我们国家不断丰富和完善社会主义理论与思想，推进党的建设；加大科研投入，培育人才；发展国民经济，实现共同富裕；构建人类命运共同体，分享现代化新模式；完成祖国统一，洗雪百年国耻。百年弹指一瞬，百年天翻地覆。您所期望的可爱的中国，正如您所愿屹立于世界的东方，我们将不负您的期望，向着下一个百年奋斗目标继续前进。

教师总结：大家给方志敏烈士描绘的景象太令人向往了，梦想是美好的，路在脚下。我们国家还要从经济、政治、文化、社会、生态五位一体全面推进，还要统筹对内对外强军治党，凝聚各方力量进行伟大斗争，推进伟大事业，实现伟大梦想。

【学科任务2】

习近平总书记说"青年兴则国家兴，青年强则国家强"，希望大家能把人生的理想融入中国梦的进程中。

请大家分享你们的梦想是什么？

学生1：我的梦想是消除种族歧视，因为我想让所有的民族、不同肤色的人都享有平等的权利。在现阶段我只有努力学习科学文化知识，才能够在未来更好地为消除种族歧视而奋斗。

学生2：我的梦想是成为一名像您一样的人民教师。因为在偏远的地方，有的孩子还无法接受优质的教育。为此，我会提高自身文化素质，也会在人际交往中学会与人交流分享。

教师：在追逐梦想的路上，希望大家牢记习近平总书记的嘱托：未来

第六章 聚焦素养的政史融合案例

属于青年,希望寄予青年,希望咱们青年增强做中国人的志气、骨气、底气,不负时代,不负韶华,不负党和人民的殷切期望。

教学反思

习近平总书记说,要把思政课讲得更有亲和力和感染力,更有针对性和实效性,实现知、情、意、行的统一,叫人口服心服。为此,本课在政史融合的理念指导下,努力让课堂更有亲和力和感染力,让学生有话想说、有话要说。

通过创设学生感兴趣的奥运会这一情境,让学生有话能说、有话想说。初中已学习中国梦与个人的关系,引导学生在更宽的视野、更广的角度思辨、澄清,进而增进对中国梦的情感认同和政治认同。

结合时政热点,引入两个辛丑年的对比情境,通过让学生角色扮演及模拟外交部发言人反驳外国的"中国威胁论",引导学生有理有据、条分缕析地剖析观点,培养理性的高阶思维,涵养爱国情怀。

通过观看《觉醒年代》,让学生穿越到建党前的历史,从情感上认同中国共产党的初心和使命,进而启发学生进行政史融合论证该论点,从历史事实中得出"没有党的领导就没有中华民族伟大复兴",达成政治认同的过程可谓水到渠成。

通过穿越时空的对话形式,调动了学生的参与热情,也突破了本课的教学难点。引用习近平总书记的号召,引导学生把个人的梦想融入中国梦的进程中,培养学生的社会责任感,让学生达成知信行的统一。

教学设计以穿越时空去对话的方式,串起奥运梦、外交梦、建党梦、强国梦,在以史为鉴、观照现实、开创未来的过程中,探讨了中国梦的本质内涵,中国梦与个人、与世界、与中国共产党的关系以及如何实现中国梦三大议题,最终以总书记对青年的寄语,让学生满怀家国情怀为实现中华民族伟大复兴而接续奋斗。

聚焦家国情怀素养的政史学科融合教学研究

第二节 政史融合活动案例

在培育学生家国情怀过程中，我们将道德与法治学科与历史学科融合起来，注重活动设计与实施，形成一些案例成果。这些案例各具特色，在培育学生家国情怀过程中都彰显出良好的效果。

案例一："赓续光荣，我心向党"党史讲解活动

活动设计

一、"赓续光荣，我心向党"党史讲解活动的实施方案

（一）活动目的

为了引领我校学生积极拥护中国共产党，增强学生热爱祖国的情感，培育和践行社会主义核心价值观，培养学生的担当意识，初中部政治组和历史组特组织本次学科活动。让学生用真切的语言、精彩的展示来讲述中国共产党历史上的重大会议，进而树立共产主义的远大理想，让学生更加了解党史，激发他们的爱国情怀，培养他们对梦想的追求和责任担当。

（二）活动目标

1. 增强学生的民族自豪感和责任感，激发他们为国家的繁荣昌盛贡献自己的力量的信心和决心。

2. 帮助中学生理解中国共产党的伟大历程，树立正确的历史观、民族观、国家观和文化观，从而激发他们的爱国热情和社会责任感。

3. 丰富学生的课余生活，从党史出发，增强政治认同感，增强家国情怀。

（三）活动主题

活动主题为"赓续光荣，我心向党"。

（四）活动形式

借用云梧楼架空层"中国共产党的光辉历程"，让学生扮演讲解员的角色。让学生在讲解的过程中更深刻地了解党史，触碰党史。可选择其中一次重要的中共会议，自拟主题，进行3分钟左右的演说。活动采用现场展示的形式。

（五）参与人员

长沙市一中金山桥学校初中部全体学生

（六）活动时间与地点

活动时间：3月10—27日

活动地点：云梧楼架空层

（七）活动安排

第一阶段：3月10—20日，七、八年级政治和历史备课组长进行初赛筛选，并上报决赛名单。要求七、八年级各上报5名优秀讲解员。

第二阶段：3月22日决赛选手现场展示，由历史和政治学科的教研组长、各年级备课组长担任评委。

第三阶段：3月25—27日完成优秀作品录制并进行宣传推广。

二、"赓续光荣，我心向党"党史讲解活动案例展示

案例1：来自八年级2207班龚依依同学，在老师指导下，查阅了

有关中共一大的相关资料，着眼中共一大，弘扬红船精神。她的演讲词如下：

红船漂流不朽，党徽普照未来

清澈的爱，只为中国。大家好，我是今天的历史讲解员龚依依。

放眼望去，涓涓的历史长河里，流淌着无数英勇战士的红色血液，再到如今哺育人民百姓平安幸福的甘泉，谈何容易呢？

而今天我要向大家介绍的会议，是在一艘红船上迎来的新生。没错，我相信大家应该已经猜到了，那便是中共一大。

1921年7月，时局动荡，当时的中国内有反动军阀混战，外有强敌虎视眈眈，战火烽烟遮天蔽日。就在这样一个风雨飘摇的环境中，中国共产党第一次全国代表大会在上海法租界秘密召开，13个来自全国各地的共产主义代表冒着生命危险齐聚一堂，为中华民族的未来积极筹划。在这幅图片上我们也可以看到这13位代表，但他们的结局却各不相同。不料，此次会议在过程中被人告发，遭到敌人严密监视，因而转移到浙江嘉兴南湖的一艘游船上继续进行。在那艘不起眼的破旧小船里，中共一大召开了。

党的一大确立了党的名称，通过了中国共产党第一个纲领，明确了党的奋斗目标是推翻资产阶级政权，建立无产阶级专政，实现共产主义，大会确立了党的中心工作是领导和组织工人运动，成立了党的中央领导机构，陈独秀当选为中央局书记。这样，中国无产阶级的先锋队——中国共产党诞生了。

中国共产党的诞生是中国历史上开天辟地的大事。从此，中国共产党引领革命的航船劈波斩浪，中国革命的面貌焕然一新。

"开天辟地、敢为人先的首创精神，坚定理想、百折不挠的奋斗精神、立党为公、忠诚为民的奉献精神，是中国革命精神之源，也是'红船精神'的深刻内涵。"红船所代表和昭示的是时代高度，是发展方向，是奋进明灯，更是铸就在中华儿女心中的永不褪色的精神丰碑。

同学们，请不要认为红船离我们很远，承红船精神，让我们与书山墨香相伴，与高远理想相拥，让我们坚定地奔赴伟大复兴的使命中去，相信党的光辉将如灯塔般照亮前行的路。忆峥嵘岁月，探今朝繁华，让我们迈着稚嫩却有力的步伐，谱写时代华丽的篇章！

案例2：来自七年级2304班的刘艺鑫同学密切联系当下，以党的二十大作为讲演的题眼，搜集相关资料，交出了《青年强，则国强》的优秀作品。其演讲文稿如下：

青年强，则国强

尊敬的老师，亲爱的同学，大家好。我是来自2304班的历史讲解员刘艺鑫。今天我演讲的主题《青年强，则国强》与党的二十大有关。

2022年10月，党的二十大召开，其报告明确提出："广大青年要坚定不移听党话、跟党走，怀抱梦想又脚踏实地，敢想敢为又善作善成，立志做有理想、敢担当、能吃苦、肯奋斗的新时代好青年。""青年强则国强。"在中华民族伟大复兴的新征程上，青年要用心去谱曲、填词、和声，为中华民族伟大复兴而奋斗，唱响青春之歌。

谱理想信念之曲，筑牢"旗帜鲜明"的忠诚红心。习近平总书记曾提出："青年理想远大，信念坚定，是一个国家、一个民族无坚不摧的前进动力。"我们要树立对马克思主义的信仰，对中国特色社会主义的信念，对中华民族伟大复兴中国梦的信心，坚守信仰、坚定信念、坚强信心。在真学真信中坚定理想信念。坚持读原著、学原文、悟原理，做新时代

聚焦家国情怀素养的政史学科融合教学研究

中国特色社会主义思想的坚定信仰者和忠实实践者，争做政治上的明白人、理论上的清醒人。擦亮忠诚底色，始终做到听党话、跟党走、感党恩，用实际行动践行"对党忠诚"的铿锵誓言。

"怀山之水必有其源，参天之木必有其根。"作为一名新时代的青年，我们今天重温党史，就是以史明志，心怀感恩，永葆初心，砥砺前行。所以，在此我倡议：让我们积极行动，以高度的政治自觉和历史使命感，走在前面，做好表率，学党史悟思想，办实事开新局，不畏艰难险阻，做一个不惧挑战的"攀登者"，在勠力向上中激荡起奋进新时代的力量！

各位老师、同学们，忆往事，我们心潮澎湃；看今朝，我们锐意进取！昔日小船，以灯火，驶向黎明；今朝百舸争流，吹响了复兴的号角，我们必将走向更璀璨辉煌的未来！

我的演讲到此结束，谢谢大家。

活动反思

学生从政治与历史角度出发，不断从党的奋斗历程中汲取前进力量，主动深入了解党的发展历程，深刻理解党的初心使命，厚植爱党爱国爱社会主义情怀。在活动过程中也可总结部分经验，比如团队协作展现作品的效果更佳，现场互动交流也是其中加分项，可总结出"讲解展示+互动交流"的活动模式，该活动也可以成为培养学生家国情怀的活动模式之一。这不仅加深了学生对党的历史和革命精神的理解，拉近了彼此的距离，还将个人目标与国家、社会发展相结合，培养出有理想、有担当、有作为的新时代青年。

第六章 聚焦素养的政史融合案例

案例二："忆清明，缅英烈，思奋进"图说时政活动

活动设计

一、"忆清明，缅英烈，思奋进"图说时政活动实施方案

（一）活动背景

清明节是我国传统的祭祀节日，也是缅怀先人、敬仰英烈的重要时刻，借助此节日弘扬爱国主义精神，让学生传承红色基因，加强对烈士的敬仰。

（二）活动目的

1. 落实立德树人的教育目标，深刻理解民族传统节日的文化意义，缅怀先烈，表达对先烈们的敬仰与感激之情。

2. 通过活动，加强人们对国家、民族历史的了解，增强民族认同感。

3. 引导青年学生树立正确的世界观、人生观和价值观，增强民族自豪感和历史使命感。

（三）活动主题

活动主题为"忆清明，缅英烈，思奋进"。

（四）活动时间和地点

活动时间：2024年4月12—25日

活动地点：肖聃楼阶梯教室

（五）参与人员

长沙市一中金山桥学校初中部全体学生

（六）活动要求

1.学生自主选取某个英雄先烈的生平事迹，以流畅精练的语言进行

173

讲述。

2.从历史人物或事迹中提炼主题,并结合道德与法治学科有关知识对事迹展开分析,充分表达自己的观点和见解。力求语言精练,富有感情,探清本质,升华主题,弘扬正能量。

(七)活动进程

第一阶段:4月12—22日,七、八年级政治和历史备课组长进行初赛筛选,并上报决赛名单。要求七、八年级各上报5名优秀学生。

第二阶段:暂定4月22日决赛选手现场展示,由历史和政治学科的教研组长、各年级备课组长担任评委。

第三阶段:4月22—25日完成优秀作品录制并进行宣传推广。

二、"忆清明,缅英烈,思奋进"图说时政活动案例展示

案例1:一代人有一代人的长征,一代人有一代人的使命。为家为国,少年从不退缩,强国有我,不负少年。家国情怀激荡于心,更是流淌于血脉。来自2310班的胥同学和邹同学满怀热忱,展现少年志气。其文稿如下:

清风万里赴强国,皓月星辰皆少年

合:奋斗是圆梦的翅膀。

胥:"历览前贤国与家,成由勤俭破由奢。"这既是历史的警示,更是现实的警钟。艰辛孕育发展,艰辛成就梦想,实现中国梦任重道远,需要我们驰而不息,付出辛勤劳动和艰苦努力。

邹:漫步在新时代的征程上,要始终发扬艰苦奋斗的优良作风,并落实到一点一滴的行动中,从而汇聚起奋勇向前的强大正能量。

这正如那些制造航空母舰的科技人员,若是没有他们的艰苦奋斗,也

第六章　聚焦素养的政史融合案例

不会有我们现在所见的骄人成果。

胥：2024年5月1日是一个值得纪念的日子。这是中国人民解放军海军的骄傲。舷号为"18"的福建舰，由我国完全自主设计、建造的首艘弹射型航空母舰，在完成了所有准备工作后正式拔锚起航，开始了它的首次出海测试并取得成功。

邹：福建舰首航，标志着中国海军迈上了新台阶，促进了地区和平与稳定，并展示了中国愿与世界各国共同应对全球性挑战，推动构建人类命运共同体的意愿。它不仅展示了我国在航母建设上的新突破，也标志着我国海军迈上了新台阶，每个细节都凝结着中国人民的智慧与汗水。

胥：福建舰的辉煌身躯不禁让我们回想起之前那段艰难的岁月，那是在多少年前！

邹（拿出航母空壳模型，同学A、B、C扮演设计师，开始航母模型的简单组建）：一穷二白的中国将那锈迹斑斑的航母空壳，摇身转变为中国海上巨舰"辽宁号"，一名名设计师从零起步，在黑暗中摸索着前进的方向，他们从不叫苦叫累，从不抱怨天地。

胥（航母模型完成）：终于在2012年，"辽宁号"下水服役，虽然历经千辛万苦，但它的诞生实现了中国航母从"0"到"1"的飞跃，标志着中国海军从此进入航母时代，踏上了建设海上强国的新征程！

邹：从2012年历尽艰辛制造的"辽宁舰"，到2019年完全自主研发的"山东舰"，再到2024年首艘弹射型"福建舰"出海测试，这是我国航母的高光历程。

合：向海图强，向海而兴，今天，让我们大力推进科技进步和创新，坚定不移做好自己分内的事情，就没有任何力量能够阻挡中华民族前进的步伐！

邹：青年如初春，如朝日，如百卉之萌动，如利刃之新发于硎，吾辈青年当铭记历史,传承爱国魂。

胥:时间之河川流不息,每一代青年人都有自己的使命和担当。青春只有奋斗不息,青春梦想才能活力绽放,无悔青年之志,不负梦想初心。

合:激荡的青春在基层绽放,热情燃烧的南疆岁月磨炼成长,立清廉之志,怀为民之心,让我们这群有志青年深深扎根在祖国大地上!

胥:我们应当起而行之,勇挑重担,以青年"海阔凭鱼跃"的朝气、"铁杵磨成针"的毅力、"俯首甘为孺子牛"的担当,在风吹浪打中锤炼能力。

邹:"自古英雄出少年",在漫漫历史长河中,我们是国家的希望、民族的脊梁。

合:在时代变迁的历史大潮中,推动着中华民族这艘巨轮不断破浪前行!

邹:我的祖国依旧是五岳向上,一切江河滚滚东流,民族的奋进意识永远向前。

胥:无论是袅袅炊烟、小小村落,还是崇山沃野、大江大河,我站立的地方就是我温暖的祖国。

邹:新时代的青年要以史为鉴,不断筑牢信仰之基,补足精神之"钙",把稳思想之舵,始终保持奋发有为的精神状态。

胥:要以忘我的热情、激情,勇于担当,冲锋在前,让青春在基层绽放,在一线绽放,在祖国有需要的地方开出青春的花朵。

合:让我们以信仰为舵,以热血为帆,以责任为我们前进的方向,在未来的风风雨雨中砥砺奋进。请党放心,强国有我!

案例2:七年级的唐同学和高同学选取中国过去在航天领域取得的种种成就为素材,细说中国航天史中的高光时刻,这无不在映照着一个国家和民族的梦想与执着、拼搏与奋进。其演讲文稿如下:

第六章　聚焦素养的政史融合案例

从"千年之前"到"光年之外"

唐：静谧的夜泼洒下满目深邃的黑，漫天的星辰和皎洁的月亮做了黑夜里明亮的眼睛，而在那漫无边际的黑夜里，一丝丝火花刺破了苍穹。那是中国崛起的焰火，那是中国梦的炬火，在这新时代点燃了这片土地。

高：早在数千年前，中国古代就有了嫦娥奔月这样的浪漫神话，从古至今华夏民族对外太空的探索从未停止，千年之后我们已经实现了探索太空的愿望。

唐：2024年5月3日下午5点27分，嫦娥六号由长征五号遥八运载火箭在中国文昌航天发射场成功发射，嫦娥六号从发射至采样返回全过程约53天，预选着陆和采样区为月球背面南极——艾特肯盆地。

高：回顾嫦娥一号的发射，那是中国航天史上的一座里程碑，它开启了中国探月的征程，标志着中国航天进入了一个新的发展阶段，更彰显了中国科技实力的崛起。

唐：而嫦娥六号的成功发射则将中国的探月计划推向了一个新的高度，作为世界首次月球背面采样返回任务，这次任务的成功完成不仅是中国航天技术的巅峰展示，更是人类对月球深入探索的一次尝试。

高：嫦娥六号的发射搭载了法国的氡气探测仪、欧空局的负离子探测仪、意大利的激光角反射镜、巴基斯坦的立方星等4个国家的载荷和卫星项目。在科学研究和数据分析方面，中国与其他国家的合作是密不可分的。

唐：魏源有言："孤举者难起，众行者易趋。"倘若个体离开了集体，便犹如失去大海的水滴，不足以滋养生灵，唯有将自我融入集体，方可凝聚光芒。中国应立于时代浪潮之巅，学会以涓滴入海而成大江磅礴；学会以星火相聚而燃莽莽平原，只有不吝微芒方可造炬成阳，和合共生。

高：航天点亮梦想，向着星辰大海出发。筚路蓝缕、披荆斩棘，中国航天事业从无到有，从有到强，一代代航天人的努力拼搏，成就了今天的航天强国。

唐：除了"航天之父"钱学森、"中华飞天第一人"杨利伟、"航天女神"王亚平这些家喻户晓的人，嫦娥六号的成功发射，从火箭技术到空间探测器的设计，中国航天科技的每一项进步都凝结着科技人员的心血和智慧。

高：他们无怨无悔，为航天事业奉献了青春年华，用自己的青春书写了许多感人事迹。

唐：中国人做了上千年的飞天梦，今朝终得圆梦。

高："大鹏一日同风起，扶摇直上九万里"，乘着时代的东风，迈着铿锵的步伐，让我们一步一个脚印，开启星际探测新征程，不断攀登一个又一个科技新高峰，中国人逐空的梦想一定会创造人间奇迹，再谱航天强国新篇章。

合：愿中国航天再创辉煌，愿我们的飞天之路越走越远！

活动反思

在这些案例中，同学们选材新颖，关注我国不同领域的重大成就，阐述属于中国人的神秘浪漫。在讲述过程中，同学们的演讲大方、自然，用饱含深情的语言表达对航天精神的致敬，敢于奉献、敢于创新，激励大家树立远大理想，为实现中华民族伟大复兴而奋斗！在声情并茂的讲述中，配以图片、视频，让在座的每一位学生的民族自豪感油然而生，并且两个案例在时政材料的选择以及展示中，都彰显着新时代青年心系"国家事"，肩扛"国家责"，从侧面展示了中国青年始终以史为鉴，勿忘国耻，肩负使命的精神面貌。从中国航母力量崛起到中华民族飞天梦圆，我们看到了新青年始终把自己的命运和国家、民族的命运紧密联系在一起，扣好人生"第一粒"扣子，达到了家国情怀素养培养的目的。在活动前期的准备过程中，参赛的学生在表现形式上也积极提出个人的意见，不断地修改完善，在精心准备过程中，贴近材料，更能感受到家国情怀。最终这两个作品都取得了区一等奖的成绩，在这个过程中凸显了学生的主体地位，也能体现"图说时政"活动对学生的积极影响。

案例三："重温历史，看我演绎"历史剧政史融合活动

活动设计

一、"重温历史，看我演绎"历史剧政史融合活动方案

（一）活动背景

中国悠久的历史犹如一缸烈酒，经历了数千年的沉淀后，溢出缕缕清香。本次活动旨在重温历史片段的经典画面，用中学生独有的青春与活力，携带着对历史、对过去的感悟与领悟，打造一片舞台展示学生富有激情与创造力的一面，以此激荡我们被搁浅的岁月。我校初中政治组与历史组决定组织一场历史剧学科活动。

（二）活动主题

活动主题为"重温历史，看我演绎"。

（三）活动目的

1.营造良好的政史学习氛围，让学生更深刻地了解中国重大历史事件，赓续历史，更好地了解中国的传统文化、价值观和民族精神，去谱写中华新篇章。

2.增强学生间的团队意识与协作能力，培养学生的创新意识，充分发掘学生的最大潜力，同时展现新时代中学生富有激情的面貌。

（四）活动细则

活动对象：长沙市一中金山桥全体学生，以班级为单位，每班出演一部历史课本剧。

活动地点：肖聃楼阶梯教室

比赛时间：2023年11月

（五）活动要求

1.历史短剧尽量再现历史，重要情节须与历史真实相符，不得篡改。

2.对照课本上的画像，自制道具、服装、头饰等。

3.作品应贴近历史，表达历史情感，健康向上，展现当代中学生的青春活力，时长为10分钟内。

4.各班学生自主选择历史剧本主题。

（六）评奖细则

1.比赛设立最佳编剧班级1个，每班最佳男演员1人、最佳女演员1人。

2.根据综合成绩评出历史课本剧演出最具表演奖1个、最具魅力奖1个、最具人气奖1个、最具组织奖1个。

3.由初中政治与历史组老师担任评委，由评委现场打分评比，现场公布成绩，评比过程中各班级节目和演员均以编号出现，以求公开公正。

二、"重温历史，看我演绎"历史剧政史融合活动案例展示

八年级某班的学生们重现这场以"爱国，进步，民主，科学"为核心内容的五四运动。其剧本如下：

第六章　聚焦素养的政史融合案例

五四运动

旁白：1919年4月30日，在凡尔赛宫举行的巴黎和会上，中国外交失败，近日，北洋政府将在《凡尔赛和约》上签字，将德国在山东的权益全部转交日本。中华民族陷入危亡时刻。

第一幕

报童：（拿着报纸穿过舞台）号外！号外！北洋政府利欲熏心，将山东半岛拱手让给了日本！号外！号外！

傅斯年：听完，着急地说"给我来份报纸"。随即看向报纸，越看越气愤，脚步逐渐加快，走向了教室。

傅斯年：（一脸着急地走进教室）同学们，这是今天的报纸，你们快看看啊！（说完一边看向同学们一边对着报纸指指点点，又看向毫无反应的张全）张全！这种时候了你怎么还有心思学习！

傅斯年：同学们，你们怎么看？

方豪：日本妄图控制山东半岛的阴谋就要得逞了，而我们懦弱的政府却无所作为。一旦日本阴谋得逞，我们国家领土的完整就会被进一步破坏，领土不完整，国家必亡。同学们，我们难道不该做些什么吗？

邓中夏：（突然站起身来）有了！上街游行，咱们上街游行，去冲击北洋政府，找那些军阀讨一个说法。

同学们：对，游行！讨说法！

邓中夏：走，咱们走！

张全：等等，大家先冷静，身为学生，学习才是我们的第一要务，这种事情跟我们有什么关系？

互生：国家兴亡，匹夫有责，我们要向那些军阀施压，捍卫民族的权益与国家的领土完整。

张全：你们难道就不怕政府派人向我们开枪吗？这种行为根本没有意义！

邓春兰：有什么好怕的，现在形势如此危急，我们哪有力气去担心自己的生命安全！

谢绍敏：谭嗣同说过"我自横刀向天笑，去留肝胆两昆仑"，即使面对危险，我辈又怎能逃避？

傅斯年：大家都过来！游行这件事情越快行动越好，这样，中夏、互生你们去广场上动员学生们；方豪，你去请大钊先生过来；春兰你们俩去准备游行用的旗帜、口号。同学们，国家已经到了如此危急的时刻，我们一定要誓死力争，捍卫权益！向政府讨要一个说法！

同学们：好！

第二幕

旁白：5月4日下午，数百名学生上街游行示威，冲击北洋政府，轰轰烈烈的五四运动正式拉开序幕。

邓中夏：(激愤地对学生们说)同学们，列强在巴黎和会上出卖了我们，我们作为战胜国之一，换来的却是青岛主权的又一次丧失，这便是所谓的公平与正义？列强背叛了我们，背叛了我们四万万中国人，这是赤裸裸的侵略，这是赤裸裸的羞辱，而面对这样的羞辱，北洋政府竟然可以忍受！

同学们：说得对。

互生：中夏，让我来说几句。同学们，北洋政府欺骗了我们四万万中国人，他们心中没有国家，没有人民，他们眼中只有利益！中国的战火因他们而起，可他们不但没有悔改，现在又要出卖我们的国家，他们一而再，再而三地欺骗我们，我们还有什么理由去相信他们，他们就是一群大骗子。

第六章 聚焦素养的政史融合案例

方豪：互生，让我来讲两句。同胞们，曹汝霖、章宗祥、陆宗舆三人皆是无耻的卖国之贼！他们身为中国人，可心却向着倭寇，而这北洋政府非但不严惩他们，竟然还任由这些无耻之徒觐见。他们！他们是列强和倭寇的走狗！

同学们：走狗！

方豪：咱们跟他们拼了！

同学们：拼了！

谢绍敏：同学们，谭嗣同说过："各国变法，莫不从流血而成。"今天，我们就要以血还血、以牙还牙！

（语落，傅斯年和邓中夏举起之前准备的旗帜）

互生：誓死力争，还我青岛！

同学们：誓死力争，还我青岛！

（学生中走出一人）——李大钊（激动中带着沉稳）

同学们：大钊先生来了，大钊先生来了！

大钊先生：同学们，都是好样的！互生，做得好！同学们，今日之中国不同于旧日之中国了！今日之革命必将载入历史，为后人景仰。今日我们必将为中国之发展迈出巨大一步，吾辈青年，中国之光！只有突破旧社会的牢笼才能迎来曙光！外争主权，内除国贼！

同学们：外争主权，内除国贼，誓死力争，还我青岛！

傅斯年：同学们，让我们冲啊！冲进北洋政府的大楼，向他们讨回公道，冲啊！

同学们：（斗志满满，激动地喊）冲！

同学们：（与士兵推拉）放我们进去，放我们进去！

军警：（从后面走出来）架枪。

军警：（严肃坚决）学生们，这里可是北洋政府，未经允许，任何人都不得私自进入,你们这是做什么?速速离开!

傅斯年:我们是为民族尊严而来,为中国之存亡而来!列强背叛了我们,而这北洋政府却无所作为,山东半岛眼看就要拱手让于日本。如此危急之形势,我们非要向政府讨要一个说法不可!快让我们进去!

(军警将学生推开)

邓春兰:同胞们,听我说:今日若不抗争,日后列强将变本加厉,等到侵略者的尖刀利炮攻入你们的故乡,等到他们的尖刀利刃刺向你们的亲人,一切就都晚了!为了我们共同的祖国,为了四万万中国人,放我们进去吧!

军警:(面露为难之色,但片刻后又恢复了冷漠的神情)学生们,回去吧!如果你们非要硬闯的话,就别怪我们开枪了!

邓中夏:(愤怒)既然你们非要做这北洋政府的走狗,同学们,大家冲啊!

同学们:(学生蜂拥而上,与军警抗衡)放我们进去,放我们进去!

(领头的军警愤怒地向天空开了一枪)

(学生被吓到,后退数步,有些女学生害怕地小声抽泣)

邓春兰:够了!(邓春兰从人群中走出,有学生拉住她,被她一把甩开,坚定地向前走去。此时军警十分警惕,拿枪对着她以示警告)

邓春兰:(不为所惧,在军警前停住紧盯)你们的枪口难道只会对准同胞们的身躯吗?(悲愤、嘲讽)(全场寂静)

邓春兰:(逐渐激昂)拿出你们这样的气势去啊,去把枪口抵上那些列强、倭寇的胸膛!去一枪打碎北洋政府卖国求荣的痴心妄想!你们却选择和同胞们相互斗争,如此这般愚蠢,这泱泱华夏迟早要变成人间炼狱!

(话落,用血红的眼睛直视军警)

傅斯年:我是这场运动的领导人,要带就带走我吧!(将邓春兰护在

身后)

军警:带走。

同学们喊:你们干什么?你们干什么?斯年,斯年。

(学生们被迫退后)

军警:(蹲下询问,疑惑)同学们有冤情去监察厅起诉,跑到这儿来喊什么冤啊?

邓春兰:(悲愤)冤情太深,监察厅理不了我的状子!

军警:(疑惑)你什么意思啊?

邓春兰:我们是为四万万同胞喊冤!

李老师:五四运动最终取得了胜利,身为青年,大家有什么感触?
(其他人员准备谢幕)

学生小王:作为新时代中国青年的我们,要珍惜这个时代,担当起中华民族伟大复兴的历史使命,以青春之我创造青春之中国,让人生在实现中国梦的过程中体现出无上的价值。

学生小吴:习近平总书记教导我们,作为学生,要树立远大理想,并将自己的命运与家国同频共振,我们要用自己所学及青春和汗水,创造出让世界刮目相看的中国奇迹!

最后大家聚在一起:吾辈青年,中国之光!

活动反思

历史剧的意义在于学生能够将课本上的理论知识在舞台上通过独特的方式,将所钦佩的时代人物、时代事件演绎出来。在剧本演绎的过程中,台下的观众无不动容,这不仅让他们通过亲身感受理解什么是五四运动,也能激发他们热爱祖国和奋发向上的激情。学生台前幕后都进行了精心准备，相互帮助，共同演绎了完美的剧目。另外，这种融合活动也为今后该类活动的展开积累了一些经验。首先在任务的选择上，每位学生可以结合自己的兴趣与特长自主选择，发挥个人最大优势；其次为了保证评价的公平性，应该制定具体的评分细则。总之，历史剧活动在培养学生家国情怀素养方面具有不可忽视的作用。我们应当积极推广和应用这一活动形式，让更多的学生在历史的长河中汲取智慧和力量。

案例四："铸中华魂携手向世界"政史融合班团活动

活动设计

一、"铸中华魂携手向世界"政史融合班团活动方案

（一）活动背景

长沙市一中金山桥学校与吐鲁番实验中学结为友好合作校以来，双方师生积极参与线上线下各类教育教学交流活动，开展了许多丰富多彩、意义非凡的活动，促进了师生间的相互了解和友谊，共同提高教育教学质量。为响应湘疆两地学生进一步加强学习交流的号召，长沙市一中金山桥学校前往吐鲁番组织了访学交流活动，并开展了此次班团活动。通过回首历史，联系当下，引领两地同学铸牢中华民族共同体意识，增强家国情怀，激励同学们努力学习，面向未来和世界，共同建设美好中国。

（二）活动目的

1. 培养学生正确的中华民族历史观。
2. 促进湘疆两地学生的学习与交流。
3. 理解拥有信念、树立理想、努力奋斗的重要性。
4. 帮助学生厚植家国情怀，涵养进取品格。

（三）活动时间与地点

活动时间：2024年5月

活动地点：新疆吐鲁番实验中学

（四）活动对象

吐鲁番实验中学2306班全体同学

（五）活动准备

1.相关视频素材。

2.制作活动主题PPT。

3.搜集相关历史故事。

4.准备信纸。

（六）活动注意事项

1.注意合理安排各环节的时间，有序开展活动。

2.注意维持活动秩序。

3.在活动中要关注每一位学生的情况。

4.积极主动调动活动气氛，避免活动生硬、沉闷。

5.活动结束后要保持好教室卫生。

二、"铸中华魂携手向世界"政史融合班团活动案例展示

【板块一】回首过去——五载友谊路

活动一：老师用维吾尔语"亚克西姆塞斯"和学生问好。学生观看自制视频《五载友谊路》。

师：在翻看过往活动的美好瞬间时，不仅感慨新疆人杰地灵，同时也为同学们的能歌善舞所折服。你能够用一个怎样的词来形容同学们之间的这种状态呢？

生：友爱、和谐、团结。

师：友爱，和谐，团结，刚才几位同学的答案正是视频中部分精神的体现。如果说视频中的内容是过去的美好回忆的话，我们不妨把时间再往前拨得更远一些。

活动二：追溯历史，探寻联结。

师：请同学们看屏幕上的这张图片，这是一条什么路？

生：丝绸之路。

师：这条路是从什么时候开辟的？

生：西汉。

师：说得太好了，大家能够在这幅地图上找到我们现在所在的位置吗？从两千多年前的西汉王朝开始，新疆就是沟通中西方交流的重要桥梁。在漫长的中国古代史进程中，生活在丝绸之路上的人们不断互相学习、互相交融，最终形成了你中有我、我中有你的局面。到了人民当家作主的新中国，在中国共产党的领导下，"中华一家亲"和"民族大团结"的观念更是深入人心。在区域发展不均衡的时代背景下，党组织带领人民群众对相对欠发达的新疆等西部地区进行了持之以恒的建设。

活动三：分享建设新疆等相关的历史故事。

生①：《八千湘女上天山》的故事。有人说她们像雪莲，盛开在天山；有人说她们像胡杨，屹立在荒漠；有人说她们像骆驼刺，在戈壁滩上扎下了根。20世纪50年代，八千多名来自湖南省各地的女青年响应国家号召，义无反顾地来到新疆、建设新疆。当年她们是朝气蓬勃的湘妹子，怀揣梦想来到茫茫戈壁滩，如今，戈壁变良田，沙漠变绿洲，而她们已经成了满头白发的老奶奶，跨越了半个多世纪，历经沧海桑田。"献了青春献终身，献了终身献子孙。"这是八千多位湘女一生真实的写照，是故事，也是传奇。她们是新疆发展的参与者，是湘江儿女的自豪，更是新中国屯垦戍边和湘疆人民友谊的历史见证者。向伟大的戈壁母亲致敬！

师：我很小就听过这个故事，今天再次听到还是感到非常震撼，这些巾帼英雄用自己最美好的青春建设了新疆，也成为民族团结互助的见证。还有同学想要分享吗？

生②：我分享的是政府的一项政策——西部大开发。它的目的是"把东部沿海地区的剩余经济发展能力，用以提高西部地区的经济和社会发展水平、巩固国防"。2000年1月，国务院成立了西部地区开发领导小组。2006年12月，国务院常务会议审议并原则通过《西部大开发"十一五"规划》。目的是努力实现西部地区经济又好又快发展，人民生活水平持续稳定提高。党的十八大以来，习近平总书记两次赴新疆考察调研并发表重要讲话，要求"在新时代新征程上奋力建设团结和谐、繁荣富裕、文明进步、安居乐业、生态良好的美好新疆"。新疆一所学校的校长说："中华文明是新疆各民族文化的根脉所在，每一个民族只有团结融入祖国大家庭才能得到永续发展。"如今，中华民族共同体意识在各族人民心中深深扎根，激发出同心共筑中国梦的强大力量。

师：如果没有西部大开发的坚决实施，就不会有今天全国各民族的腾飞。在过去，我们的前辈制订了行之有效的计划，在全国各民族团结一致的共同努力下，取得了非凡的成就。那么，我想今天我们更应该把目光着眼于当下，思考如何循着前人的脚步，继续追寻实现中华民族伟大复兴的中国梦。

【板块二】立足现在——你我心连心

活动一：传送礼物之视频欣赏。

师：同学们，在我的班上，也有44个跟你们一样可爱的学生。他们听说我要来新疆给大家上课，都感到非常开心，并且给大家精心准备了三份大礼！第一份礼物是观看一个视频，里面有老师班上的学生想对你们说的话。

师：我时常感慨，读万卷书，不如行万里路。这个视频不仅饱含湖湘学子对新疆学生的美好祝愿，同时也体现了我的学生们对美丽新疆的向往。他们跟我一样，从小就在各科书本中了解到新疆的雄奇壮丽，我也相信他们将来一定能够来到新疆，把这份跨越千里的缘分变成现实中的纽带。

活动二：书信传友谊，真情寄笔尖。

师：第二份礼物是每人一封信，给大家三分钟时间，看一看湖南的学生们给大家写的信，看完之后，我想请一位同学来念一下你的信，你又有什么想对写信者说的呢？

生：念信。并在纸上写下简短回信。

师：这样跨越三千多公里的心的交流，真的非常让人沉醉。老师看到你今天穿得与众不同，能给大家介绍一下这是一套怎样的服饰吗？

生：介绍所穿服饰，并提出表演节目给湖南学生回礼。

师：太好了！我相信这一定会是非常有意义的回礼！（老师同时拍摄视频）

师：能让同学们穿上这么美丽的民族服饰来表演节目，真是我的荣幸。我相信同学们现在应该也有许多想对远在湖南长沙的同学们说的话，老师为大家准备了一张信纸和一个信封，课后希望大家能给这44位同学写一封回信，大家可以写上姓名和学号，届时我一定会把信送到每一位同学手中！

活动三：知识竞赛，直面挑战。

师：这第三份礼物就是一场知识竞赛，总共有10道题，所有题目都跟我国各民族的传统习俗、自然风光等相关，答对了会有奖励，咱们采取抢答的方式，哪位同学愿意第一个接受挑战？

总结：正如习近平总书记所说，"中华民族和各民族的关系是一个

第六章 聚焦素养的政史融合案例

大家庭和家庭成员的关系,各民族的关系是一个大家庭里不同成员的关系"。56个各具特色的民族紧紧拥抱在一起、团结在一起,形成了一个生机勃勃而有力量的中华民族共同体!好的,那么我们的知识竞赛答题环节就此结束,三份礼物都已送到。

师:友谊的种子已经在同学们的心中种下,我相信它早晚会长成一棵棵参天大树!在2024年的今天,科学技术日新月异,时代的浪潮滚滚向前,我们伟大的祖国也在蓬勃发展。在中国共产党的领导下,全国各族同胞携手向前,谱写了一曲团结和发展的新篇章。

【板块三】展望未来——携手向世界

活动一:观看视频,学生谈感受。

活动二:画笔绘未来。

师:2035年,那时我国已经基本实现社会主义现代化,基本实现中华民族伟大复兴的目标。畅想那时的吐鲁番,那时的新疆,那时的中国又会是怎样一番景象?我想请大家用一幅画或者一篇作文把它描绘出来。

师:纵横一万里,上下五千年。中华民族是一个伟大的民族,她从血与火中一路走来,在千年的风吹雨打中屹立不倒。南湖红船的一声呐喊,为中国人带来了拯救国家、拯救民族的希望。现如今,中华民族,炎黄子孙,这团结在一起的56个民族已经成为一股不可战胜的力量,实现中华民族伟大复兴的中国梦的光芒必将在你们的身上绽放!

活动三:合唱歌曲《石榴籽一家亲》。

各民族的命运始终同中华民族整体命运紧密相连,中华历史文明是新疆各民族文化的根本所在。湘疆两地学生共同参与的班团课以"丝绸之路"为纽带,带领学生感受自古以来的"中华一家亲"和"民族大团结",从分享"八千湘女上天山"等建设新疆的相关历史故事,到社会主义建设时期的"西部大开发"等政策,引领学生思考如何循着历史的脚步,着眼于当下，付出实际行动去努力实现中华民族伟大复兴的中国梦。以政史融合班团课为契机，深化爱国主义、集体主义、社会主义教育，引导学生牢固树立正确的国家观、历史观、民族观，为培育学生深厚的家国情怀和民族共同体意识提供了有力的支撑。

活动反思

在聚焦家国情怀目标的引领下，班团活动不仅能让青少年学到知识，更能在情感、态度、价值观等多个层面对他们产生深远的影响，帮助他们成长为具有社会责任感和历史使命感的新时代青少年。

案例五："传承雷锋精神争做追'锋'少年"政史融合德育活动

活动设计

一、"传承雷锋精神争做追'锋'少年"政史融合德育活动方案

（一）活动背景

阳春三月，注定与一个温暖的名字相约——雷锋。雷锋精神，就是在他一生的模范行为中表现出来的热爱党、热爱祖国、热爱社会主义的崇高理想和坚定信念，服务人民、助人为乐的奉献精神，干一行爱一行、专一行精一行的敬业精神，锐意进取、自强不息的创新精神，艰苦奋斗、勤俭节约的创业精神。雷锋是时代的楷模，雷锋精神是永恒的，滋养了一代又一代的中华儿女。为进一步引领师生继承优良传统，弘扬志愿服务精神，培育和践行社会主义核心价值观，以弘扬新时代雷锋精神为主旨，以学习党的二十大精神为契机，我校于3月1日开展了"雷锋精神生

生不息"德育活动。让我们通过活动重温雷锋的先进事迹，深刻把握雷锋精神的本质和时代内涵，让雷锋精神在新时代绽放更加璀璨的光芒。同时，发挥朋辈引领作用，在春天的校园内传递温暖。

（二）活动目的

1. 铭记历史，传承精神：通过雷锋生平事迹展览，讲解员讲解雷锋历史文化故事，带领学生深入了解雷锋精神的内涵，懂得奉献和助人为乐的意义，理解习近平总书记倡导的"践行社会主义核心价值观"的重要性，激发学生争做新时代好少年的决心。通过讲述和再现雷锋的感人故事，弘扬雷锋无私奉献和艰苦奋斗精神。

2. 培育家国情怀：通过活动，引导学生热爱祖国、热爱人民，培养他们的爱国情怀和民族自豪感，让他们展望和描绘未来中国的美好蓝图，激发他们为实现中华民族伟大复兴而努力奋斗的意识和决心。立志向，有梦想，为投身祖国的建设做好准备。

（三）活动主题

活动主题为"雷锋精神生生不息"。

（四）活动时间

2024年3月

（五）活动对象

七年级全体学生

（六）活动内容

1. 传承雷锋精神争做追"锋"少年系列活动一：了解雷锋生平

传承雷锋精神首先要了解雷锋同志的历史，了解其生平事迹，让我们更好地理解雷锋，在生活中接力雷锋精神。因此，在教学楼的架空层、空地设置校园雷锋事迹展示区域。以历史时间轴的形式向同学们展示雷锋的生平事迹，同时每班选派两名讲解员对雷锋生平事迹进行介绍。

2. 传承雷锋精神争做追"锋"少年系列活动二：创意展示雷锋文化

"实践证明，无论时代如何变迁，雷锋精神永不过时。"习近平总书记作出重要指示，他强调"新征程上，要深刻把握雷锋精神的时代内涵，不断发展壮大学雷锋志愿服务队伍"，"让学雷锋在人民群众特别是青少年中蔚然成风，让学雷锋活动融入日常、化作经常，让雷锋精神在新时代绽放更加璀璨的光芒，为全面建设社会主义现代化国家、全面推进中华民族伟大复兴凝聚强大力量"。各班在三月第一周，要组织学生完成传承雷锋精神的作品创作，可以以多种形式来展示雷锋的故事和精神，例如手抄报、录制视频、图片等。活动第二周将在校园文化长廊展出。

3. 传承雷锋精神争做追"锋"少年系列活动三：致敬青年雷锋观影

组织观看纪录片《永远的雷锋》，学生参加观影活动。

4. 传承雷锋精神争做追"锋"少年系列活动四：青年雷锋志愿盲盒

随机抽取盲盒，参与志愿服务。同学们随机抽取出现在活动中的各色盲盒，并完成其中的志愿服务项目，还有机会得到文创帆布袋等小礼物，既新奇有趣又有意义。

盲盒志愿服务项目：

（1）眼镜清洗；（2）校门礼仪；（3）爱心缝衣；（4）公益集市；（5）清洁校园；（6）光盘达人；（7）反诈宣传；（8）板报绘新；（9）垃圾回收；（10）路队管理。

5. 传承雷锋精神争做追"锋"少年系列活动五：寻找身边的雷锋

正如习近平总书记所说："我们既要学习雷锋的精神，也要学习雷锋的做法，把崇高理想信念和道德品质追求转化为具体行动，体现在平凡的工作生活中，作出自己应有的贡献，把雷锋精神代代传承下去。"雷锋的身影已远去，但雷锋的精神永在。寻找并推选身边的雷锋，组织学习小雷锋的追"锋"事迹和精神。

第六章　聚焦素养的政史融合案例

二、"传承雷锋精神争做追'锋'少年"政史融合德育活动案例

为深入贯彻落实党的二十大精神，大力弘扬雷锋精神，3月3日，在我校初中部党支部的指导下，初中学生处、校团委特组织党员教师和学生志愿者开展了以"社会实践趣味浓，志愿服务人心暖"为主题的学雷锋活动，旨在激发广大师生的社会责任感，为构建社会主义现代化强国贡献青春力量。

雷锋同志，作为我们永远的学习榜样，他的事迹和精神始终激励着我们砥砺前行。师生们深入社区卫生服务站，这提高了他们的团队协作能力和社会责任感；体验图书管理，意识到图书馆不仅是知识的宝库，更是传承文化、推动社会进步的重要力量；参与清洁工活动，增强了师生们的团队协作能力和沟通能力。

第一小队去了谷丰社区卫生服务站，观察了医生、护士等专业人员如何为居民提供健康咨询、疾病诊断等服务，以及他们如何与居民沟通互动，传递关爱与温暖。医护人员向学生介绍了应急救护基础知识。例如，什么是心肺复苏，如何快速判断患者是否需要急救，胸外心脏按压与人工呼吸的操作方法。为了使学生更好地理解和掌握心肺复苏的操作步骤，讲座还设置了实践环节。在相关教师的指导下，同学们分成小组，尝试演练胸外按压和人工呼吸。经过一番训练，学生基本掌握了心肺复苏的关键要领，提高了应对突发情况的能力。最后，志愿者们带着对血液标本的好奇，检验师带志愿者们动手操作了如何通过显微镜观看人体血液的永久涂片。同学们纷纷表示："此次活动收获颇丰，既锻炼了自己服务社会的能力，也培养了务实勤奋的实践品格。"

为了更好地服务读者，提升图书馆的运营效率，第二小队热心的志愿者们来到了长沙市图书馆湘江新区谷丰分馆，亲身投入图书管理的实

践中。图书馆工作人员向志愿者详细介绍了图书分类、借阅流程、读者服务等方面的知识。随后，志愿者们分组参与图书整理、上架、借阅服务等工作。他们以饱满的热情投入这项有意义的社会实践中，用实际行动传递着对知识的热爱和对公益事业的支持。这次图书管理的体验，让志愿者们收获了很多宝贵的经验。他们不仅学到了图书管理的专业知识，也学会了如何与人合作、如何解决问题、如何更好地为读者服务。

清洁工是维护社会公共卫生和环境整洁的重要力量，他们的辛勤工作不仅让我们的生活更加美好，还为社会的健康和发展作出了巨大贡献。

第三小队来到了金山桥街道谷丰社区，他们分工明确，与社区的清洁工人一同打扫社区卫生。活动中，志愿者们发扬了雷锋精神，不怕脏、不怕累，用实际行动践行了"奉献、友爱、互助、进步"的志愿服务理念。打扫地面垃圾、擦拭楼梯扶手、瓷砖墙壁和门窗等，我们的行动得到了社区广大居民的一致好评，他们纷纷表示，感谢我们的付出和努力。通过这次活动，我们深刻体会到了雷锋精神的实质和内涵，认识到了学雷锋不仅是一种行为上的模仿，更是一种精神上的传承和发扬。我们要将雷锋精神内化于心、外化于行，时刻保持一颗感恩的心，积极投身社会公益事业，为社会贡献自己的力量。同时，我们也呼吁更多的人加入志愿服务的行列，让我们一起学习雷锋、传承雷锋精神，为构建和谐社会贡献青春力量！

作为湖南本土革命人物的雷锋，身上具备修齐治平、兴亡有责的家国情怀。雷锋精神内涵丰富，将雷锋精神融入德育活动，引导学生重温雷锋的故事，有助于培养学生的家国情怀。通过创意展示雷锋文化、组织观看纪录片《永远的雷锋》、青年雷锋志愿践行活动、寻找身边的雷锋等活动环节，从革命时代到新时代，从过去到当下，把崇高理想信念和高尚道德情操转化为具体行动，为家国情怀的培养和践行提供了载体和平台。

活动反思

面向"00后""10后"青少年开展的德育活动,除了具有传统道德活动的教育性、参与性、实践性等特点,还应具备趣味性、情感性、时代性、个性化等特点,从而更好地引导学生将家国情怀内化于心、外化于行。本次活动通过了解雷锋生平、创意展示雷锋文化、组织观看纪录片《永远的雷锋》、青年雷锋志愿践行活动、寻找身边的雷锋等活动环节,从革命时代到新时代,从过去到当下,将崇高理想信念和高尚道德情操转化为具体行动,为家国情怀的培养和践行提供了载体和平台。通过一个个鲜活的案例和故事,学生被雷锋同志的品质和精神深深震撼,永恒的红色火焰点燃了革命岁月,在沉浸式的体验中给同学们上了一堂别样的理想信念课。通过这次活动,学生深刻体会到雷锋精神的实质和内涵,认识到学雷锋不仅是一种行为上的模仿,更是一种精神上的传承和发扬。

案例六:"恰同学少年,扬湖湘精神"政史融合研学活动

活动设计

一、"恰同学少年,扬湖湘精神"政史融合研学活动方案

(一)活动背景

湖南作为红色革命之地,拥有丰富的红色文化资源,是传承红色文化、学习历史、锻炼品格、培育核心素养的研学之地。湖湘精神是湖湘地区特有的精神风貌,它融合了坚韧、豪迈、创新、担当等多种特质。其核心在于刚毅坚韧、勇于探索、敢于担当等优秀品质,以及深厚的

爱国情怀。湖湘精神不仅体现在历史名人的事迹中（如屈原的忠贞不渝、毛泽东的革命精神），还深深根植于湖南人民的日常生活中，成为推动湖南乃至中国发展的重要力量。在新时代，湖湘精神继续激励着人们不断前进，为实现中华民族伟大复兴的中国梦贡献力量。为了更好地传承湖湘精神，本校组织此次研学活动。在研学过程中，学生可以深入了解革命历史，感受革命先辈的英勇事迹和崇高精神，从而增强爱国情感和民族自豪感。

（二）活动目的

1. 铭记历史，传承精神：走进湖湘伟人故里，聆听湖湘名人的成长故事，学习以毛主席为首的湖湘革命先辈身上凝练的湖湘文化精神特质，以及敢为人先的精神品质。

2. 培育家国情怀：通过活动的开展，引导学生热爱祖国，热爱人民，培养他们的爱国情怀和民族自豪感，激发他们"为中华之崛起而读书"的意识和决心。

3. 增强文化自信：传承好湖湘红色精神，以永不懈怠的精神状态和一往无前的奋斗姿态，发扬斗争精神，不负时代，勇于担当，共同铸就中华文化新辉煌。

（三）活动时间

2024年9月

（四）活动地点

岳麓书院—橘子洲—韶山

（五）活动对象

全体八年级同学

（六）活动准备

活动前组织学生观看《恰同学少年》《建党伟业》《觉醒年代》等红

色影视作品；组织学生搜集湖湘人物故事；了解毛主席生平事迹。

（七）活动注意事项

1. 安全与健康：注意个人安全，遵守景区规定，不随意离开团队。同时，关注个人健康，携带必要的防护用品和急救药品。

2. 研学态度：保持积极的学习态度，认真参与各项活动，努力汲取新知识，传承红色精神，树立远大志向。

二、"恰同学少年，扬湖湘精神"政史融合研学活动案例

（一）走进岳麓书院追溯湖湘文化历史渊源

1. 现场聆听匾额楹联文化——惟楚有才，于斯为盛

从匾额楹联切入，逐渐还原千年书院的悠久历史，追溯实事求是的湖湘文化渊源。"惟楚有才，于斯为盛"，岳麓书院作为中国古代四大书院之一，不仅是中华文明延绵不断的缩影，更是党的实事求是思想路线的策源地之一。1917年，宾步程题写"实事求是"的匾额作为校训悬挂在岳麓书院。彼时，毛泽东同志寓居在岳麓书院的半学斋，深受"实事求是"匾额的熏陶。

习近平总书记曾于2020年来到岳麓书院，仰望"实事求是"匾额，感受"实事求是"精神。"实事求是"作为马克思主义基本原理和中华优秀传统文化相结合的精髓，首先在这座千年学府缘起和升华。作为湖湘文化的精神圣殿，岳麓书院穿越千年历史烟云，始终秉承成就人才、传道济民的教育理想，坚持经世致用的价值取向和实事求是的治学精神，培育了一代又一代经邦济世之才。

2. 开展实践探究活动——书院大侦探

带上定向地图与任务卡牌，依据历史名人的提示找出线索，完成趣味任务，增进对岳麓书院及相关历史与人物的了解。

（二）踏上橘子洲恰同学少年风华正茂

1.开展实践探究活动——感受橘子洲巨变

橘子洲，在这百年间从一个无名的江洲小岛成为见证中国主权丧失的口岸，再到成为长沙名片，这一过程正是中国崛起的证明。带领学生参观橘子洲头的青年毛泽东雕像，感受其指点江山、激扬文字的豪情壮志，了解其中蕴含的家国情怀和对人民的深厚情感。感受国家不同的时局下截然不同的社会状态，完成橘子洲巨变任务书，将读书与国家发展紧密联系，勇敢肩负起时代赋予的重任。

2.现场教学——对话未来的自己

朗诵《沁园春·长沙》，对话未来的自己：写一首诗，体裁不限，承继《沁园春·长沙》之精神，立下鸿鹄之志，抒发家国情怀。《沁园春·长沙》是毛泽东于1925年晚秋重游橘子洲时所作，诗词抒写出革命青年对国家命运的感慨和以天下为己任，蔑视反动统治者，改造旧中国的豪情壮志。瞻仰伟人，回忆毛泽东同志青年时期的革命情怀和凌云壮志，对话未来的自己，树立远大理想，增强青少年的使命感，坚定信念，保持初心，立志为中国式现代化贡献青春力量。

（三）回到校园感悟并践行湖湘精神

回到学校，组织学生通过自主开展活动进行总结，进一步加深对湖湘文化的认识。将红色历史与思政教育相结合，旨在培养学生正确的政治观、世界观、人生观和道德观，引导他们传承红色基因，勇担时代使命。

老师的小结提问更是引发学生的思考：湖湘精神就像一粒种子，播种于湖湘大地，也在我们心中生根发芽。湖湘精神在时代中淬火升华，激励着湖湘儿女夺取革命战争、新中国建设和改革开放的一个又一个胜利！作为新时代的我们，能从哪些事、哪些人的身上感受到新时代的湖湘精神？又如何践行湖湘精神呢？学生们纷纷结合自己看到、听到的和

第六章 聚焦素养的政史融合案例

自身实际畅所欲言（播放视频）。在交流互动中进一步感悟到航天精神、奥运精神等都是新时代湖湘精神的体现，同学们决心在自己的生活和学习中也要实事求是，敢为人先，发扬湖湘精神，让湖湘精神在新时代得到传承和弘扬。

研学活动不仅是一种教育手段，也是一种传承红色基因、培养新时代人才的重要途径。政史融合研学活动，依托湖南的红色文化资源，让学生在参与中学习，在体验中成长，深刻理解并珍视传统文化和革命历史，将家国情怀厚植于心。从走进岳麓书院追溯湖湘文化历史渊源，到踏上橘子洲感受"恰同学少年风华正茂"，再到校园感悟并践行湖湘精神，做到了将红色历史与思政教育紧密融合，培养学生热爱祖国和家乡的情感，激发他们追求理想、百折不挠的湖湘精神，以及培养他们坚韧不拔的意志品质。

活动反思

红色文化作为中华民族不可或缺的精神支柱，其深厚的历史积淀与鲜明的民族特色，对于塑造青少年的世界观、人生观、价值观具有不可替代的作用。湖南拥有丰富的红色研学资源，能为青少年提供深入的爱国主义教育和革命传统教育体验。以上环节凸显了学校以青少年为主体，构建了让青少年走得进、看得见、摸得着、听得懂、悟得到的红色教育形式，厚植青少年爱国爱社会主义情怀。利用湖南地域文化开展红色研学活动，不仅增强了青少年对本地历史和文化的认同感，同时也传承和弘扬了红色精神。今后将不断挖掘红色历史资源，丰富政史融合研学内容，创新研学形式，加强与红色基地等的合作，将政史融合研学纳入学校教育框架。通过这些活动，在青少年心中播下红色传承的种子，将随着时间的推移而生根发芽，为培养新时代的优秀青年夯实基础。

参考文献

[1] 义务教育道德与法治课程标准（2022年版）[M].北京：北京师范大学出版社，2022.

[2] 义务教育历史课程标准（2022年版）[M].北京：北京师范大学出版社，2022.

[3] 杨清虎."家国情怀"的内涵与现代价值[J].兵团党校学报，2016（3）：60-66.

[4] 杨威，黄晓雪.新时代中学生厚植家国情怀的价值意蕴、核心要义与逻辑理路[J].海南师范大学学报（社会科学版），2022（6）：75-80.

[5] 康永权.依托初中道德与法治课堂，厚植家国情怀[J].初中课程辅导，2024（10）：87-89.

[6] 杨小虹.家国情怀融入初中道德与法治课堂的教学策略[J].福建教育学院学报，2023（8）：4-6.

[7] 张海元，王志斌.初中道德与法治课程中融入家国情怀教育策略研究[J].国家通用语言文字教学与研究，2023（8）：73-75.

[8] 杨振宇.初中政治家国情怀课程资源的开发和利用[J].文理导航（上旬），2021（8）：72-73.

[9] 冯盼盼.教育信息化下初中历史教学中家国情怀素养培养策略[J].中学教学参考，2022（1）：67-69.

[10]高爱丽.初中历史教学中家国情怀培养模式探究[J].学周刊·教学动态，2022（14）：109-111.

[11]刘平.谈高中历史家国情怀教育的教学策略[J].学周刊·教学动态，2022（14）：112-114.

[12]李健.历史教学中家国情怀素养的培育路径：以高中历史统编教材的教学为例[J].江苏教育·课程与教学，2022（27）：60-62.

[13]周云华，薛冰洁.初中政史协同教学的实践路径[J].中小学课堂教学研究，2023（1）：31-34.

[14]庄增辉."双减"背景下的学生爱国情怀素养教育：《中华传统文化在初中政史地教学中的渗透实践与研究》课题[J].中学历史教学，2022（8）：74.

[15]王萌.打破学科边界，促进学科融合：以初中政史地学科为例[J].中学政史地（教学指导），2022（3）：95-96.

[16]尹丹.基于初中政史课程教学中学生文化自信培养的研究[J].中学政史地（教学指导），2020（12）：92-93.

[17]隋立华.构建初中道德与法治学科融合课程策略探析[J].长春教育学院学报，2020（6）：72-76.

[18]周毛吉.初中政治课程中法治思想的融合与发展策略探析[J].才智，2019（15）：175.

[19]马洁，陈俊伊，耿雪聪.聚焦历史学科核心素养 孕育深厚绵长家国情怀：政史整合培养历史学科家国情怀核心素养的有效途径[J].中学政史地：教学指导，2017（8）：3.

[20]刘梦娇.初中历史教学中家国情怀的落地途径：基于史料的占有与分析视角[J].中学政史地：教学指导，2023（10）：51-52.

[21]张慧.基于政治课堂，培养学生家国情怀：以道德与法治（八年

级上册）为例[J].试题与研究，2019（17）：165-165.

［22］王晓帆.历史学科核心素养之家国情怀的培养[J].中学历史：教学参考，2023（9）：21-22.

［23］黄云龙.初中历史教学对学生历史核心素养的培养研究[J].新课程（中），2017（2）：25-28.

［24］陆启威.学科融合不是简单的跨学科教育[J].教学与管理，2016（32）：22-23.

［25］吕涛宇，易谦柳.历史学科融合式教学法的应用策略[J].教学与管理，2021（15）：105-110.

［26］丁新华.以政史融合提升学生历史解释能力：以《全球航路的开辟》一课为例[J].江苏教育（中学教学版），2022（2）：14-16.

［27］徐昊.高中思政课政史融合教学策略研究：以《价值的创造和实现》一课为例[J].江苏教育，2022（11）：4.

［28］叶小兵.对《义务教育历史课程标准》（2022年版）中课程目标的理解[J].历史教学（上半月刊），2022（6）：3-8.

［29］周振兴.浅谈现今中学生的地理意识培养[N].学习方法报，2012-10-24（004）.

［30］狄珂羽.课程思政背景下初中政史红色传承探析[N].科学导报，2022-10-28（B02）.

［31］孙宏艳.初中道德与法治教学如何培养学生的家国情怀[C]//广东省教师继续教育学会.广东省教师继续教育学会第二届全国教学研讨会论文集（四）.河北民族师范学院附属初中，2023：7.

［32］许晨辉.初中道德与法治教材中的家国情怀教学[C]//广东省教师继续教育学会.广东省教师继续教育学会《教育与创新融合》研讨会论文集（一）.江西省金溪县实验初中，2023：8.

［33］陈春丽.初中政史学科培养学生国家认同感的策略[C]//中国教育发展战略学会教育教学创新专业委员会.中国教育发展战略学会教育教学创新专业委员会2019全国教育教学创新与发展高端论坛会议论文集.江苏省常州市武进区东安实验学校，2019：2.

［34］李林雪.中学历史教学中家国情怀的培养研究[D].济南：山东师范大学，2018.

［35］范洋洋.中学历史教学中家国情怀的培养研究[D].济南：山东师范大学，2019.

［36］边琪.初中道德与法治教学中培育学生家国情怀的策略研究[D].重庆：西南大学，2023.

［37］李金昂.初中道德与法治课学生家国情怀的培育研究[D].沈阳：沈阳师范大学，2023.

［38］刘潇.初中历史教学中的史政结合探究[D].曲阜：曲阜师范大学，2021.

后记

李 军

当我为《聚焦家国情怀素养的政史学科融合教学研究》画上最后一个句号时，心中满是感慨。这本书从2023年12月开始筹备，历时11个月，迎来了最终的校稿阶段。它就像一艘承载着知识与情感的航船，即将驶向它的港湾。此书是湖南省教育科学研究工作者协会"十四五"规划教研科研重点课题"聚焦家国情怀素养培养的初中政史学科融合教学研究"（编号：XJKX23A095）和长沙市教育科学"十四五"规划课题"指向家国情怀培养的政史学科融合教学研究"（编号：CJK2023040）的阶段性成果。

在家国情怀素养培养与政史融合教学的探索之路上，我深知其意义重大。在撰写本书的过程中，我们结合了课题研究的大量实践探索成果。我们深入课堂观察，仔细记录每一个教学环节、师生互动的细节，思考如何更好地将政史学科融合，更有效地激发学生内心的家国情怀。在课题成果的具体运用上，我们巧妙融合了政治课与历史课在培育家国情怀素养方面的有效策略，并大量运用了围绕课题精心开展的教学设计范例以及学生活动的生动案例，使其相辅相成，共同为教学实践提供有力支撑与宝贵

后 记

借鉴。

本书的完成离不开众多人的支持与帮助。包含我本人在内，共有21位老师参与了本书的撰写与编订。他们分别是熊瑞、黄旭华、彭佳、柏玉、张天宏、喻灼、黄超、温玉婷、张登威、徐文欢、易飘飘、高佩君、魏本洪、夏玉琼、李旻、黄欣、杨思凡、杨杨、李霁、肖日红。写作之初，我根据新时代教研热点，结合专家的建议，搭建了写作框架，制订了写作计划。黄旭华、彭佳、柏玉多次组织课题组成员开会讨论，根据课题组成员的专业能力和兴趣，将写作任务进行了合理的划分。本书一共分为六章，第一章由我本人完成，作为全书的开篇，该章奠定了整本书的基调，为后续章节提供了理论框架和指导思想。第二章深入探讨了在思想政治教育课程中如何有效培育学生的家国情怀，由徐文欢和杨思凡负责撰写。第三章聚焦于历史教学中的家国情怀培育，分析了历史课程在传承民族文化、弘扬爱国主义精神方面的独特作用，由彭佳、黄超负责撰写。第四章探索了政治与历史学科融合教学的路径，旨在通过跨学科的教学方式提升学生的综合素养，由魏本洪、高佩君、温玉婷、黄欣、肖日红、易飘飘等负责撰写。第五章详细介绍了基于政治与历史学科融合的实践活动案例，强调通过实践活动增强学生的实践能力和创新思维，由张登威、夏玉琼、杨杨等负责撰写。第六章精选了一系列政史融合教学的成功案例，通过具体案例的分析，展示了如何在实践中有效融合政治与历史知识，提升学生的综合素养和家国情怀，由柏玉、李旻、李霁等负责撰写。最后交由彭佳、柏玉、熊瑞、张天宏、喻灼修改润色。作为一线教师的他们，在纷繁复杂的教学工作中排除万难，在无数个深夜和假期加班撰写，将他们教育教学智慧的结晶融入此书，让此书渐现雏形。

在此，我还要感谢长沙教育学院教授、湖南省中学特级教师、湖南师范大学硕士研究生导师唐良平。在整个写作过程中，他以专业的视角和丰富的经验，为我们提供了全面而深入的指导。无论是在内容的准确性上，还是在表达的科学性方面，他都严格把关，确保每一个观点都有扎实的依据，每一段论述都符合学术规范。

此外，我还要感谢湖南省教育科学研究工作者协会常务秘书长易志勇、长沙市教育科学研究院党支部原书记胡志豪、长沙市教育科学研究规划办主任袁苍松、长沙市教育科学研究院理论研究员刘正华、湖南湘江新区教师发展中心书记谢福胜、长沙市教育科学研究院院长黄军山、长沙市教育科学研究院规划所副所长潘勇、长沙市教育科学研究院规划所理论教研员蔡星、长沙市开福区教育科学研究中心理论教研员罗湘其等为我们课题提供指导的专家，他们以渊博的学识和丰富的经验，耐心地为我剖析问题的关键所在，为我提供全新的思路与方法，让我们明晰了课题的研究思路，为后期开展研究工作指明了方向。本书能顺利出版，与专家们对课题研究的指导密不可分。

最后，我还要感谢每一位翻开这本书的读者。你们是我写作的动力源泉，我期待着你们在阅读过程中能与我产生共鸣，能感受到指向家国情怀的政史融合教学的独特魅力。我希望这本书能够在读者的手中传递一种力量，一种对家国情怀的尊重和追求。愿每一位翻开这本书的人，都能感受到我们在字里行间倾注的心血和情感，与我们一同领略政史融合教学的魅力。